Histoires Insolites

DU MÊME AUTEUR :

Contes cruels.
Le Nouveau Monde.
L'Ève future.
La Révolte.
Premières poésies.
Isis.
Elen.
Akëdysséril.
Morgane.
L'Amour suprême.
Tribulat Bonhomet.

En préparation :

Axël.
L'Adoration des Mages.
Le Vieux de la Montagne.
Mélanges politiques et littéraires.

Théâtre

Théâtre lisible.

Histoire

Documents sur les règnes de Charles VI et de Charles VII.

Œuvres métaphysiques

L'Illusionisme.
De la connaissance de l'Utile.
L'Exégèse divine.

Tous droits réservés.
Cet ouvrage a été déposé au ministère de l'intérieur en mars 1888

COMTE DE VILLIERS DE L'ISLE-ADAM

HISTOIRES
INSOLITES

Les grandes routes sont stériles.
LAMENNAIS.

PARIS
LIBRAIRIE MODERNE
MAISON QUANTIN, 7, RUE SAINT-BENOIT.
—
1888

LES

PLAGIAIRES DE LA FOUDRE

A MONSIEUR LÉON DIERX

LES
PLAGIAIRES DE LA FOUDRE

PROLOGUE

> « Divers animaux australiens, entre autres le *singe rouge* et certains grands aras, imitent, d'une manière des plus surprenantes, le bruit du tonnerre. »
>
> (*Bulletins scientifiques de septembre* 1887.)

En ces temps-là s'étendait magnifiquement, au sein d'idéals océans, une Ile d'aspect enchanté. C'était une prodigieuse forêt fleurie qu'un Pacifique éventait de ses salines et vivifiantes brises, — et, dominant la clairière centrale, sur des couches rocheuses aux puissants échos, s'y dressait un colossal eucalyptus. Depuis près d'un siècle, entre ses ombrages superposés, se multipliait une race de perroquets énormes et versicolores : le grand arbre en rutilait dans les nuées.

Naturellement attentifs aux bruits et aux voix que leur propre est d'imiter, ces perroquets, se trouvant, par hasard, si haut placés qu'ils n'entendaient guère que les orages, en avaient étudié, au fond d'un spécial silence, les vibrations profondes. Si bien qu'aujourd'hui, tous, avec un ensemble, — que le terroir sonore et l'irradiation plongeante des sons rendaient inquiétant, — contrefaisaient, à s'y méprendre, le fracas de l'électricité dans l'étendue, la plainte des longues rafales, les ruissellements de l'averse au travers des feuillées.

Au grondement de cet interminable orage qui, dès l'aurore, commençait à rouler au-dessus de leurs têtes, les infortunés animaux qui peuplaient l'Ile se retiraient, courbés, dolents et pleins d'effroi, chacun dans sa retraite, — en se secouant, même, s'imaginant être pénétrés jusqu'aux os par les pluies torrentielles que, positivement, ils entendaient.

Quant à la vertu même de l'orage, à ce qui en anime la réalité, — quant à l'éclair, enfin, — les perroquets, par dédain sans doute, ne le reproduisaient pas. Ce détail leur paraissait une sorte de superfétation, dont leur art, plus sobre que son modèle, ne devait en rien se préoccuper. Oiseux leur semblait l'éclair, bien qu'ils n'eussent pas, au fond, d'opinion très précise à son égard : ils s'en passaient, voilà tout. Histoire de simplifier. — Bref, de la tempête ils ne daignaient démarquer que le vacarme et, satisfaits de leur tourmente postiche, ils eussent, à la rigueur, pu prétendre qu'ils égalaient les réelles, puisque, obtenant des « effets » pour ainsi dire analogues, leur tapage avait sur l'autre l'étourdissante supériorité de la permanence.

Tels, donc, ils florissaient, tempêtueux, tonitruants et prospères.

Qu'importait le marasme où leur bon plaisir plongeait l'Ile! N'étaient-ils pas LIBRES, après tout, de dire, eux aussi... ce qui leur démangeait la langue? En bonne justice, nul, au nom d'aucune loi dûment égalitaire, n'eût su le leur contester. De sorte que tout le reste des bêtes naïves de ce séjour dépérissait. Réduites, en effet, à ne sortir que de nuit pour vaquer à leur nourriture, pendant le sommeil des despotiques oiseaux, elles devenaient d'une anémie croissante : car manger tard ne profite guère, et rien n'est mauvais comme de faire de la nuit le jour.

Au résumé, toutefois, les perroquets, — dont on ne doit pas oublier la relative inconscience foncière, — n'étaient que fort peu coupables des résultats moroses que causait, autour d'eux, leur passe-temps favori. Car, ce n'était pas *exprès* qu'ils avaient choisi ce bruit-là ! L'apogée où des circonstances les avaient portés — et qu'ils occupaient pour ainsi dire *mordicus*, — les rendait maubénins... d'emblée ! — Involontaires porphyrogénètes, ils répétaient, gravement, d'une voix forte, ce que leur position élevée leur conférait d'entendre. Encore étaient-ils plutôt juchés qu'élevés. Placés à hauteur convenable et selon l'éparpillement normal, ne sont-ce pas de fort intéressants volatiles, dont le plumage, surtout, par ses chatoiements, est fait pour séduire?... Par un chaotique hasard, ceux-ci n'étaient pas, comme on dit, *à leur place*, voilà tout. Et, comme il entre en toute nature déplacée de devenir désagréable, parfois même criminelle, ils étaient devenus, *naturellement,* désagréables, et quelque peu criminels, — par simple ricochet : — ce dont ils se lavaient indifféremment les pattes, les jours de pluie et autres, en leur liberté impunie, en leur maligne irresponsabilité. De plus, le genre de bruit qu'ils proféraient ayant fini par les aguerrir, ils se piquaient, de temps en temps, entre les plumes, les uns les autres, comme si des lions ou des aigles se fussent vaguement rappelés en eux.

— Pour conclure, changeant, à la longue, leur natal éden en un lieu d'ennui, d'horreur et de tristesse *pour les autres,* ils avaient fini par rendre l'Ile inhabitable, sous le très spécieux prétexte qu'ils avaient « DU TALENT ».

A ce céleste charivari se limitaient, d'ailleurs, les ressources de leur savoir-faire. — Une fois, en effet, un grand aigle avait effleuré, de son aile terrible, le sommet de leur habitacle : incident qui les avait comblés d'une telle épouvante qu'ils en gardèrent le silence durant deux heures.

L'aigle, familier des rumeurs fulgurales, s'était approché, surpris des insolites éclats de leur tempête; puis, les ayant entrevus, avait poussé un cri dédaigneux et s'était enfoncé dans l'espace.

Or, ce cri, les perroquets l'avaient remarqué, l'avaient médité! Il n'était pas tombé en des oreilles de sourds!... Et, quelque temps après, ils avaient essayé, à leur tour, de pousser de terrifiants cris d'aigles planant sur des proies.

— Ah! ce fut un beau jour, celui-là, pour les hôtes de cette Ile singulière! Quel jubilé! Une trêve sembla conclue avec le ciel jusqu'alors inclément. C'est que, si les animaux peuvent être assez facilement abusés sur les bruits de la nature, en revanche ils discernent à merveille, entre eux, *l'en-dedans* de leurs voix, en reconnaissent le timbre intime : comment donc, cette fois, eussent-ils été dupes une seconde? En la candeur de leur instinct, ils s'étaient dit, tout bonnement, en langue obscure :

— Tiens, les perroquets sont dehors : il fera beau, cejourd'hui !

Aussi, toute la journée, pendant que nos emplumés sycophantes s'épuisaient à contrefaire les clameurs d'imminents aigles aux serres ouvertes se précipitant, farouches, sur toutes les têtes, l'on s'était, — sans même s'apercevoir du *sujet* de ces exercices, — enivré de soleil, d'herbées, de rosée et de fleurs.

Une autre fois, les perroquets avaient voulu se faire les échos du rugissement, monté jusqu'à leur olympe, d'un sauvage lion des lointains, qui gourmandait sans doute le tonnerre de gronder de si saugrenue façon.

Notre aréopage, hélas ! avait constaté, en cette nouvelle tentative, un insuccès égal, pour le moins, au précédent. Les affamés et féroces rugissements que les gosiers des plus hargneux kakatoës et des plus monstrueux aras s'efforçaient de produire, rassuraient, au contraire, délicieusement, comme simples pronostics de beau fixe, les plus pusillanimes d'entre les autres animaux. Il eût fallu voir ceux-ci s'ébattre encore, paisiblement, sous les ramures, en cette heureuse matinée, — mêlant leurs jeux et leurs amours! L'on paissait à loisir; la vie semblait charmante; c'était une résurrection.

Les perroquets, donc, en étaient revenus bien vite à leur orage, dont ils étaient plus sûrs et qu'ils falsifiaient en virtuoses, ayant eu le temps de le mieux étudier que le cri de l'aigle et le rugissement du lion, lesquels, — après tout, — n'intéressaient personne. L'on s'en tint là!... De temps à autre, l'on risquait bien quelque petit ressouvenir, — mais de si brève durée que les bêtes n'en ressentaient qu'en sursauts déçus les effets bienfaisants.

L'Ile fut donc replongée dans la désolation. Il semblait que le ciel ne décolérât pas. On gémissait des imaginaires intempéries que suggéraient sans trêve les talenteux jacquots, plagiaires et travestisseurs-jurés de la foudre. Une morne résignation pesait sur les organismes. Les perroquets, en étant même arrivés à ce degré de perfection de se démarquer les uns les autres, l'effet d'ensemble, dans l'imitation générale, était littéralement sans défaut. C'était l'Égalité même. De plus, leur stagnance empestait la région. L'Ile n'était plus tenable. Plusieurs d'entre les plus jeunes des bêtes se réfugiaient dans le suicide, ce qui ne s'était jamais vu.

Mais, à la longue, cette déité aux yeux distraits et sagaces, qu'on nomme la Force des choses, résolut, au fond des hasards de sa vague pensée, de confronter les perroquets avec leur bruit quand même sacrilège, en les y ensevelissant. Elle trouva, comme toujours, son moment, pour purger ce lieu de lumière de leur écœurant fléau.

Par un soir de feu, de trombe et de ténèbres, un soudain cyclone enserra l'Ile. Flamboyant, sous ses ailes pluvieuses, il la fit d'abord sonner à coups de tonnerre ; puis, se ruant à travers la forêt, qu'effondrèrent ses rafales, la franchit, accrochant, de toutes parts, aux branches fracassées, mille crins de sa chevelure d'éclairs. Vu l'imprudente hauteur de l'arbre, un entre-croisement de foudres se concentra sur l'eucalyptus.

Le lendemain, dès l'aube brillante, — dont le vaste de l'azur lavé s'éblouissait, — les animaux, rassérénés par l'accalmie, se répandirent, comme naguère, sous les frondaisons lourdes encore de la nuit diluviale, — et quelques-uns, en passant au pied du tronc foudroyé qui fumait dans la clairière, aperçurent de tous côtés, gisantes sur les gazons, plusieurs centaines de pattes carbonisées, vestiges tôt disparus des terrorisants rabat-joie. L'enveloppement d'un même trépas avait donc été, pour ceux-ci, l'unique témoignage qu'ils se fussent jamais donné de leur FRATERNITÉ, — encore que sans le vouloir et à leur insu. Cette fois, l'éclair ne leur avait même pas laissé le temps de le mépriser. Le tonnerre avait grondé *pour de vrai*.

A dater de ce jour, ce fut un ravissement de vivre, une délivrance, un éden récupéré, dans ce désirable endroit. Les perroquets ultérieurs qui vinrent au jour dans l'Ile, se trouvant moins dangereusement placés, pour eux et pour le prochain, que leurs honorables prédécesseurs, furent des plus aimables, ne gênèrent plus personne, — et, ne traduisant plus que de *raisonnables* murmures, furent écoutés avec plaisir, — avec le plus grand plaisir.

Pour couper court à tout souvenir des ci-devant narrés tyrans de perchoir, désormais légendaires, que servirait, d'ores en avant, *de reconnaître de quel mésentendu l'on fut victime ?* — Leur nullité sereine, qui, si longtemps, de son néfaste et maléfique ramage, consterna, ne frappe-t-elle pas de tant d'insignifiance leur mémoire... QUE CELLE-CI NE VAUT PAS MIEUX D'ÊTRE MAUDITE QUE PARDONNÉE ?

LA CÉLESTE AVENTURE

A MONSIEUR GUSTAVE DE MALHERBE

LA
CÉLESTE AVENTURE

> « Jette le filet, tu prendras un gros poisson : dans sa gueule, tu trouveras une pièce d'argent ; elle payera l'*impôt* de César. »
>
> NOUVEAU TESTAMENT.

Maintenant que sœur Euphrasie, cette enfant divine, s'est enfuie dans la Lumière, pourquoi garder encore le mot *terrestre* du « miracle » dont elle fut l'éblouie? Certes, la noble sainte — qui vient de s'endormir, à vingt-huit ans, supérieure d'un ordre de Petites-Sœurs des pauvres, fondée par elle, en Provence — n'eût pas été scandalisée d'apprendre le secret *physique* de sa soudaine vocation : la voyance de son humilité n'en eût pas été troublée un seul instant ; — toutefois, il sera mieux que je n'aie parlé qu'aujourd'hui.

A près d'un kilomètre d'Avignon s'élevait, en 1860, non loin d'atterrages verdoyants, en amont du Rhône, une bicoque isolée, d'aspect sordide ; ajourée, à son unique étage, d'une seule fenêtre à contrevents ferrés, elle s'accusait, bien en vue d'une protectrice caserne de gendarmerie — sise aux confins des faubourgs, sur la route.

Là, vivait depuis longtemps un vieil israélite qu'on nommait le père Mosé. Ce n'était pas un méchant juif, malgré sa face éteinte et son front d'orfraie dont un bonnet collant, d'étoffe et de couleur désormais imprécises, moulait et enserrait la calvitie. Encore vert et nerveux, d'ailleurs, il eût bien été capable de talonner d'assez près Ahasvérus, en quelques marches forcées. Mais il ne sortait guère et ne recevait qu'avec des précautions extrêmes. La nuit, tout un système de chausse-trapes et de pièges à loups le protégeait derrière sa porte mal fermée. Serviable, — surtout envers ses coreligionnaires, — aumônieux toutefois envers tous, il ne poursuivait que les riches, auxquels, seulement, il prêtait, préférant thésauriser. — De cet homme pratique et craignant Dieu, les sceptiques idées du siècle n'altéraient en rien la foi sauvage, et Mosé priait entre deux usures aussi bien qu'entre deux aumônes. N'étant pas sans un certain cœur étrange, *il tenait à rétribuer les moindres services.* Peut-être même eût-il été sensible au frais paysage qui s'étendait devant sa fenêtre, alors qu'il explorait, de ses yeux gris clair, les alentours... Mais une chose lointaine, établie sur une petite éminence et qui dominait les prés riverains en aval du fleuve, lui gâtait l'horizon. Cette *chose*, il en détournait la vue avec une sorte de gêne, d'ailleurs assez concevable, — une insurmontable aversion.

C'était un très ancien « calvaire », toléré, à titre de curiosité archéologique, par les édiles actuels. Il fallait gravir vingt et une marches pour arriver à la grosse croix centrale — qui supportait un Christ gothique, presque effacé par les siècles, entre les deux plus petites croix des larrons Diphas et Gesmas.

Une nuit, le père Mosé, les pieds sur une escabelle, penché, besicles au nez, le bonnet contre la lampe, sur une petite table couverte de diamants, d'or, de perles et de papiers précieux, devant sa fenêtre ouverte à l'espace, venait d'apurer des comptes sur un poudreux registre.

Il s'était fort attardé! Toutes les facultés de son être s'étaient si bien ensevelies en son labeur, que ses oreilles, sourdes aux vains bruits de la nature, étaient demeurées inattentives, durant des heures, à... certains cris lointains, nombreux, disséminés, effrayants, qui, toute la soirée, avaient troué le silence et les ténèbres. — A présent, une énorme lune claire descendait les bleues étendues et l'on n'entendait plus aucunes rumeurs.

— Trois millions!... s'écria le père Mosé, en posant un dernier chiffre au bas des totaux.

Mais la joie du vieillard, exultant au fond de son cœur qu'emplissait l'idéal réalisé, s'acheva en un frisson. Car — à n'en pas douter une seconde! — une glaciale sensation lui étreignait subitement les pieds : si bien que, repoussant l'escabeau, il se releva très vite.

Horreur! Une eau clapotante, dont la chambre était envahie, baignait ses maigres jambes! La maison craquait. Ses yeux, errant au dehors, par la fenêtre, aperçurent, en se dilatant, l'immense environnement du fleuve couvrant les basses plaines et les campagnes : c'était l'inondation! le débordement soudain, grossissant et terrible du Rhône.

— Dieu d'Abraham! balbutia-t-il.

Sans perdre un instant, malgré sa profonde terreur, il jeta ses vêtements, sauf le pantalon rapiécé, se déchaussa, fourra, pêle-mêle, en une petite sacoche de cuir (qu'il se suspendit au cou), le plus précieux de la table, diamants et papiers, — songeant que, sous les ruines de sa masure, après l'événement, il saurait bien retrouver son or enfoui! — Flac! flac! il arpentait la pièce, afin de saisir, sur un vieux coffre, une liasse de billets de banque déjà collés et trempés. Puis il monta sur l'appui de la fenêtre, prononça trois fois le mot hébreu *kodosch*, qui signifie « saint », et se précipita, se sachant bon nageur, à la grâce de son Dieu.

La bicoque s'écroula derrière lui, sans bruit, sous les eaux.

Au loin, nulle barque! — Où fuir? Il s'orientait vers Avignon ; mais l'eau reculait maintenant la distance — et c'était loin, pour lui! Où se reposer? prendre pied?... Ah! le seul point lumineux, là-bas, sur la hauteur, c'était... ce calvaire, — dont les marches déjà disparaissaient sous le bouillonnement des ondes et le remous des eaux furieuses.

— Demander asile à cette image? Non! Jamais.

Le vieux juif était grave en ses croyances, et, bien que le danger pressât, bien que les idées modernes et les compromis qu'elles inspirent fussent loin d'être ignorés du morne chercheur d'Arche, il lui répugnait de devoir — ne fût-ce que le salut terrestre à... *ce qui était là.*

Sa silhouette, en cet instant, se projetant sur les eaux où tremblaient des reflets d'étoiles, eût fait songer au déluge. Il nageait au hasard. Soudain une réflexion sinistre et ingénieuse lui traversa l'esprit :

— J'oubliais, se dit-il en soufflant (et l'eau découlait des deux pointes de sa barbe), j'oubliais qu'après tout il y a là ce pauvre de « mauvais larron !... » Ma foi, je ne vois aucun inconvénient à chercher refuge auprès de cet excellent Gesmas, en attendant qu'on vienne me délivrer !

Il se dirigea donc, tous scrupules apaisés, et en d'énergiques brassées, à travers les houleuses volutes des ondes et dans le beau clair de lune, vers les Trois-croix.

Celles-ci, au bout d'un quart d'heure, lui apparurent, colossales, à une centaine de mètres de ses membres à demi congelés et ankylosés. Elles se dressaient, à présent, sans support visible, sur les vastes eaux.

Comme il les considérait, haletant, cherchant à discerner, à gauche, le gibet de ses préférences, voici que les deux croix latérales, plus frêles que celle du milieu, craquèrent, pressées par le cours du Rhône, et que le bois vermoulu céda, et qu'en une sorte d'épouvantée, de noire salutation, toutes deux s'abattirent en arrière, dans l'écume, silencieusement.

♥

Mosé demeura sans s'avancer, et hagard, devant ce spectacle : il faillit enfoncer et cracha deux gorgées.

Maintenant, la grande Croix seule, **spes unica**, découpait son signe suprême sur le fond mystérieux du firmamental espace ; elle proférait son pâle Couronné d'épines, cloué, les bras étendus, les yeux fermés.

Le vieillard, suffoqué, presque défaillant, n'ayant plus que le seul instinct des êtres qui se noient, se décida, désespérément, à nager, quand même, vers l'emblème sublime, son or à sauver triplant ses dernières forces et le justifiant à ses yeux qu'une imminente agonie rendait troubles ! — Arrivé au pied de la Croix, — oh ! ce fut de mauvaise grâce (hâtons-nous de le dire à sa louange) et en éloignant sa tête le plus possible, qu'il se résigna, l'échappé des eaux, à saisir et entourer de ses bras l'arbre de l'Abîme, celui qui, écrasant de sa base toute raison humaine, partage, en quatre inévitables chemins l'Infini.

Le pauvre riche prit pied ; l'eau montait, le

soulevant à mi-corps : autour de lui la diluviale étendue muette... — Oh! là-bas! une voile! une embarcation!

Il cria.

L'on vira de bord : on l'avait aperçu.

A cet instant même, un ressaut du fleuve (quelque barrage se brisant dans l'ombre) l'enleva, d'une grosse envaguée, jusqu'à la Plaie du côté. Ce fut si terrible et si subit qu'il eut à peine le temps d'étreindre, corps à corps et face à face, l'image de l'Expiateur! et de s'y suspendre, le front renversé en arrière, les sourcils contractant leurs touffes sur ses regards perçants et obliques, tandis que remuaient en avant, toutes frémissantes, les deux pointes en fourche de sa barbe grise. Le vieil israélite, entrelacé, à califourchon, à Celui qui pardonne, et ne pouvant lâcher prise, regardait de travers son « sauveur ».

— Tenez ferme! Nous arrivons! crièrent des voix déjà distinctes.

— Enfin!... grommela le père Mosé, que ses muscles horrifiés allaient trahir; mais... voici un service rendu par quelqu'un... dont je n'en attendais pas! Ne voulant rien devoir à personne, il est juste que je le rétribue... comme je rétribuerais un vivant. Donnons-lui donc ce que je donnerais... à un homme.

Et, pendant que la barque s'approchait, Mosé, dans son organique zèle de faire ce qu'il pouvait pour s'acquitter, fouilla sa poche, en retira une pièce d'or — qu'il enfonça gravement et de son mieux entre les deux doigts repliés sur le clou de la main droite.

— Quittes! murmura-t-il, en se laissant tomber, presque évanoui, entre les bras des mariniers.

La peur bien légitime de perdre sa sacoche le maintint ferme jusqu'à l'atterrage d'Avignon. Le lit chauffé d'une auberge l'y réconforta. Ce fut en cette ville qu'il s'établit un mois après, ayant recouvré son or sous les décombres de son ancien logis, et ce fut là qu'il s'éteignit en sa centième année.

Or, en décembre de l'année qui suivit cet incident insolite, il arriva qu'une jeune fille du pays, une très pauvre orpheline d'un charmant visage, Euphrasie ***, ayant été remarquée par de riches bourgeois de la Vaucluse, ceux-ci, déconcertés par ses refus inexplicables, résolurent, dans son intérêt, de la prendre par la famine. Elle fut donc bientôt congédiée, par leurs soins, de l'ouvroir où elle gagnait le franc quotidien de sa subsistance et de sa bonne humeur, en échange de onze heures, seulement, de travail (l'ouvroir étant tenu par une famille des plus recommandables de la ville). Elle se vit également renvoyée, le jour même, du réduit où elle remerciait Dieu matin et soir ; car, il faut être juste, l'hôtelier, qui avait des enfants à établir, ne devait pas, ne *pouvait* pas, en sérieuse conscience, s'exposer à perdre les six beaux francs mensuels du cellulaire galetas qu'elle occupait chez lui. « Si honnête qu'elle fût, » lui dit-il, « ce n'est pas avec du sentiment qu'on paye les contributions » ; et d'ailleurs, peut-être était-ce « *pour son bien, à elle* », ajouta-t-il en clignant de l'œil, « qu'il devait se montrer rigoureux. » En sorte que, par un crépuscule d'hiver où le tintement clair des *Angelus* passait dans le vent, la tremblante enfant infortunée marchait à travers les rues de neige et, ne sachant où aller, se dirigea vers le calvaire.

Là, poussée très probablement par les anges, dont les ailes soulevèrent ses pas sur les blancs degrés, elle s'affaissa au pied de la Croix profonde, heurtant de son corps le bois éternel, en murmurant ces ingénues paroles : — « Mon Dieu, secourez-moi d'une petite aumône, ou je vais mourir ici. »

Et, chose à stupéfier l'entendement, voici que, de la main droite du vieux Christ, vers qui les yeux de la suppliante s'étaient levés, une pièce d'or tomba sur la robe de l'enfant, — et que ce choc, avec la sensation douce et jamais troublante d'un miracle, la ranima.

C'était une pièce déjà séculaire, à l'effigie du roi Louis XVI, et dont l'or jauni luisait sur la jupe noire de l'élue. Sans doute, aussi, quelque chose de Dieu, tombant, en même temps, dans l'âme virginale de cette enfant du ciel, en raffermit le courage. Elle prit l'or, sans même s'étonner, se leva, baisa, souriante, les pieds sacrés — et s'enfuit vers la ville. Ayant remis à l'aubergiste raisonnable les six francs en question, elle attendit le jour, là-haut, dans sa couchette glacée, mangeant son pain sec dans la nuit, l'extase dans le cœur, le Ciel dans les yeux, la simplicité dans l'âme. Dès le jour suivant, pénétrée de la force et de la clarté vivantes, elle commença son œuvre sainte à travers les refus, les portes fermées, les malignes paroles, les menaces et les sourires.

Et son œuvre de lumière fut fondée.

Aujourd'hui, la jeune bienheureuse vient de s'envoler en sa réalité, victorieuse des ricanantes saletés de la terre, toute radieuse du « miracle » que CRÉA sa foi, de concert avec Celui qui permet à toutes choses d'apparaître.

UN SINGULIER CHELEM!

A MONSIEUR HENRI LAVEDAN.

UN SINGULIER CHELEM!

Proh pudor!

Svelte, en des atours surannés, d'un visage amaigri, aux traits fins et fiers sous ses cheveux blancs partagés à l'autrefois, la duchesse douairière de Kerléanor habitait, depuis de longues années de veuvage, son austère manoir breton.

L'imposante bâtisse, dominant une des grèves armoricaines, s'élevait, non loin du bourg de Carléeu, à moins d'un kilomètre des lisières de l'interminable forêt appelée « Coët-an-die, Coët-an-nôs » (bois du jour, bois de la nuit). Retirée en cet exil, la châtelaine y achevait en pieuses pratiques une vie rigide, à l'abri de toutes approches des « idées modernes ». Confondus, les vents du large et des bois, par les crépusculaires et froids corridors, se plaignaient en toute saison, soit gémissant à travers les ais rouillés de quelque armure, soit hurlant entre les cadres effacés des ancêtres et la nudité des murailles : mais ces rumeurs du Passé ne déplaisaient pas à la grave habitante du lieu. C'était pour elle comme des voix ; elle y distinguait peut-être des paroles. — Quant aux visites, elle n'en recevait guère que des religieuses et de ses paysans, tant le manoir était oublié en sa solitude.

Cependant, presque chaque soir, depuis des années, deux amis familiers, le digne abbé Lebon, recteur de Carléeu, dont le presbytère était proche, — ainsi que l'excellent hobereau, le pauvre et long chevalier d'Aiglelent, sanglé, comme de raison, en l'habit bleu-barbeau à boutons d'or, — et qui habitait une modeste pigeonnière, à moins d'un quart de lieue du château, — venaient, sur les huit heures, rendre à la duchesse douairière de Kerléanor leurs affectueux devoirs.

Presque toujours, après quelques doléances naturelles sur « la Babylone moderne », après

maints soupirs et nombre de regards tristement
levés au ciel, l'on s'asseyait autour d'une table
de jeu et l'on faisait le whist jusqu'à dix heures.
Sur ces dix heures, l'on se séparait et, selon la
coutume bretonne, chacun des deux hôtes, pré-
cédé d'une servante dont le fanal éclairait le
chemin, rentrait paisiblement au logis. Alors,
en route, la soutane du recteur était souvent
bien malmenée par le vent de mer, et les bas-
ques de l'habit bleu-barbeau du chevalier s'é-
ployaient éperdument au souffle des bois.

Ainsi s'écoulaient les soirées de ces trois êtres
nobles et simples, rares survivants d'une société disparue et qui demeuraient, quand même,
des gens de jadis.

C'était grâce à la fortuite circonstance de deux
colporteurs venus des villes, — et qui, naguère,
perdus en ces parages, avaient vendu au vieil
intendant de Kerléanor la provision de jeux
(dames, cartes, échecs et tric-trac) recélée en
leur balle, — que cette paisible distraction du
soir était venue rompre la monotonie des
heures. Ceux-ci, avec des airs indéfinissables,

après quelques mots échangés entre eux, à voix basse, avaient cédé le tout, en bloc, heureux de l'aubaine, en se hâtant de disparaître.

Les enjeux, naturellement, se limitaient à un petit sou la fiche.

Or, un soir, comme un bon feu d'automne brûlait ses sarments dans la haute cheminée du salon d'apparat, l'inconstante Fortune avait paru sourire plus particulièrement au chevalier : les rayons d'or de la roue mystérieuse s'étaient comme fixés sur ses cartes! — si bien que, de rubber en rubber, il arriva — grâce à une impardonnable « absence » de l'abbé, — que le *mort*, tenu par d'Aiglelent, présenta tout à coup les symptômes victorieux du chelem.

C'était, on en conviendra, couronner dignement les succès déjà brillants du chevalier! — La duchesse ayant rendu naïvement à l'abbé, son partenaire, l'inconséquente invite de celui-ci, d'Aiglelent se défit d'un singleton, puis coupa. Et atout, et atout! Deux tours encore et le chelem y était! Une surcoupe heureuse le décida. Brandissant donc un dix de trèfle maître, et s'oubliant un peu dans le feu du triomphe, il projeta la carte avec une telle violence que, dépassant le bord de la table, elle glissa, malgré les efforts de l'abbé Lebon pour la saisir, et tomba.

Le vénérable écclésiastique, avec l'indulgence inhérente à son caractère, saisit un des flambeaux d'argent et, s'étant baissé, la lumière éclaira sur le parquet le fameux dix de trèfle, que d'Aiglelent, un peu confus, s'empressait de ramasser. Soudain, comme l'obligeant vieillard se relevait en même temps que le chevalier, un reflet de la bougie frappa, de revers, la carte malencontreuse.

Sans doute, quelque chose d'anormal dut alors s'accuser en cette carte aux yeux du trop vif gentilhomme, car l'excuse qu'il balbutiait s'arrêta, inachevée : il demeura bouche bée, considérant l'objet avec une attention insolite : puis, sans mot dire, il releva l'un de ses tris et se mit à regarder les cartes en les approchant des lumières.

Etonnés de l'action du chevalier, le digne

recteur et la douairière de Kerléanor se prirent, à l'exemple de leur vieil ami, à scruter aussi... Et, autour d'eux, sur les murailles, les physionomies familiales des portraits subitement éclairés, par ainsi, en pleines figures, semblaient encore se renfrogner à ce spectacle. Mais les trois visages vivants, au surgir de ce qu'ils entrevoyaient dans la *transparence* des cartes, semblaient médusés par une stupeur complexe. Sur le triple échange d'un coup d'œil hagard, l'abbé Lebon trouva seul la force de bougonner, d'une voix tremblante, cette réprobatrice réflexion :

— Et dire que nous jouons avec cela depuis tant d'années !

Mais, d'un geste indifférent, Mme de Kerléanor atteignit une torsade, et sonna.

A cet appel, une simple fille de Bretagne, aux yeux clairs, au regard d'enfant, vision de jeunesse et de grâce, apparut au seuil glacé de la salle.

— Annette, dit avec simplicité la châtelaine et comme si rien ne se fût passé, jetez ces cartes au feu.

Puis, se tournant vers ses hôtes, et en souriant, elle appuya les adieux quotidiens de ces mots tranquilles :

— Nos compliments, chevalier : vous nous avez fait un beau chelem, ce soir !

LE JEU DES GRACES

A MONSIEUR VICTOR WILDER

LE
JEU DES GRACES

> — Oh! cela n'empêche pas les sentiments!...
> Stéphane MALLARMÉ (*Entretiens*).

Les feux d'or du soir, au travers de moutonneuses nuées mauves, poudraient d'impalpables pierreries les feuilles d'assez vieux arbres, ainsi que d'automnales roses, à l'entour d'une pelouse encore mouillée d'orage : le jardin s'enfonçait entre les murs tendus de lierre des deux maisons voisines; une grille aux pointes dorées le séparait de la rue, en ce quartier tranquille de Paris. Les rares passants pouvaient donc entrevoir, au fond de ce jardin, la façade avenante de la demeure, et, dans une pénombre, le perron, surélevé de trois marches, sous sa marquise.

Or, perdues en les lueurs de cette vesprée,

sur le gazon, jouaient, au *Jeu des Grâces*, trois enfants blondes, — oh! quatorze, douze et dix ans à peine, innocence! — Eulalie, Bertrande et Cécile Rousselin, quelque peu folâtres en leurs petites robes d'orléans noire. Riant de plaisir, en ce deuil, — n'était-ce pas de leur âge? — elles se renvoyaient, du bout de leurs bâtonnets d'acajou, de courts cerceaux de velours rouge festonnés de liserons d'or.

Elle avait aimé feu son époux, — ayant conquis, d'ailleurs, à ses côtés, dans le commerce des bronzes d'art, une aisance, — la belle madame Rousselin! Séduisante, économe et tendre, perle bourgeoise, elle s'était retirée avec ses filles, en cette habitation, depuis les dix mois et demi d'où datait son sévère veuvage, qu'elle présumait éternel.

Jamais, en effet, son mari ne lui avait semblé plus « sérieux » que depuis qu'il était mort. Cet accident l'avait solennisé, pour ainsi dire, aux yeux en larmes de l'aimable veuve. Aussi, avec quelle tendresse triste se plaisait-elle à venir, toutes les quinzaines environ, suspendre (de concert avec ses trois charmantes filles), de sentimentales couronnes aux murs blancs du caveau neuf! murs que, par prévoyance, elle avait fait clouter du haut en bas! Sur ces couronnes se lisaient, en majuscules ponctuées de pleurs d'argent, des *A mon petit papa chéri !* des *A mon époux bien-aimé!* — Lorsqu'à de certains anniversaires, plus intimes, elle venait seule au champ du Repos, c'était avec un air indéfinissable et presque demi-souriant que, nouvelle Artémise, munie ce jour-là d'une couronne spéciale, à son usage, elle accrochait celle-ci à des clous isolés : sur les immortelles, semées alors de myosotis, on pouvait lire, en caractères tortillés et suggestifs, ces deux mots du cœur : « *Souviens-toi!* » Car, même avec les défunts, les femmes ont de ces exquises délicatesses où l'imagination plus grossière de l'homme perd complètement pied, — mais auxquelles il serait à parier, quand même, que les trépassés ne sont pas insensibles.

Toutefois, comme c'était une femme d'ordre, chez qui le sentiment n'excluait pas le très légitime calcul d'une ménagère, la belle Mme Rousselin, dès le premier trimestre, avait remarqué le prix auquel revenaient, achetées au détail, ces pâles couronnes, si vite fanées par les intempéries; et, séduite par diverses annonces des journaux qui mentionnaient la découverte de nouvelles couronnes funèbres, inoxydables, obtenues par le procédé galvanoplastique, résistantes même à l'oubli, — couronnes modernes par excellence! — elle en avait acheté, en gros, une provision, quelques douzaines, qu'elle conservait, au frais, dans la cave, et qui défrayaient, depuis, les visites bimensuelles au cher décédé.

Soudain, les trois enfants, dont les boucles vermeilles, alanguies en *repentirs*, sautillaient sur les noirs corsages, cessèrent de s'ébattre sur l'herbe en fleurs, car, au seuil du perron, et poussant la porte vitrée, venait d'apparaître l'épouse, la grave maman toute en deuil, blonde aussi et déjà pâlie de son abandon. Elle tenait, justement, à la main, trois de ces couronnes légères et solides, nouveau système, qu'elle laissa tomber, auprès de la rampe, sur la table verte du jardin, comme pour appuyer de leur impression les paroles suivantes :

— Et que l'on se recueille maintenant, mesdemoiselles! Assez de récréation : oubliez-vous que, demain, nous devons aller rendre visite à... celui qui n'est plus ?

Sûre d'être obéie (car, au point de vue du cœur, ses jeunes anges avaient, elle ne l'ignorait pas, de qui tenir), la belle Mme Rousselin rentra, sans doute afin de soupirer plus à l'aise en la solitude retirée de sa chambre.

A ces mots et aussitôt seules, Eulalie, Bertrande et Cécile Rousselin, — dont les rires s'étaient envolés plus loin que les oiseaux du ciel, — vinrent, à pas lents, méditatives, s'asseoir et s'accouder autour de la table.

Après un silence :

— C'est pourtant vrai! pauvre père! dit à voix basse Eulalie, la jolie aînée, déjà rêveuse.

Et, prenant un *A mon époux bien-aimé*, elle en considéra, distraitement, l'inscription.

— Nous l'aimions tant! gémit Bertrande, aux yeux bleus — où brillaient des larmes.

Sans y prendre garde, imitant Eulalie, elle tournait entre ses doigts, et le regard fixe, un *A mon petit papa chéri*.

— Pour sûr qu'on l'aimait bien! s'écria la pétulante cadette Cécile qui, follement énervée encore du jeu quitté et comme pour accentuer, à sa manière, la sincérité naïve de son effusion, fit étourdiment sauter en l'air le *Souviens-toi!* qui restait.

Par bonheur, l'aînée, qui tenait encore ses baguettes, y reçut, et à temps, la plaintive couronne, laquelle s'y encercla d'abord, — puis, grâce à un mouvement d'inadvertance provenu de l'entraînante vitesse acquise, le *Souviens-toi!* s'échappant des bâtonnets, fut recueilli de même par Bertrande, après s'être croisé en l'air avec l'*A mon petit papa chéri!* — et l'*A mon époux bien-aimé!* que Cécile, bien malgré elle, n'avait pu se défendre de lancer vers ses sœurs.

De sorte que, l'instant d'après — et peut-être

en symbole des illusions de la vie, — les trois ingénues, peu à peu de retour sur la pelouse, substituaient à leurs cerceaux dorés ce nouveau *Jeu des Grâces*, et, inconscientes déjà, se renvoyaient, mélancoliquement, aux derniers rayons du soleil, ces *inaltérables* attributs de la sentimentalité moderne.

LE SECRET

DE

LA BELLE ARDIANE

———

A MONSIEUR PAUL GINISTY

LE SECRET
DE
LA BELLE ARDIANE

« Bonheur dans le crime. »
Jules BARBEY D'AUREVILLY.

La maisonnette neuve du jeune garde-chef des Eaux-et-forêts, Pier Albrun, dominait, sur un versant, le village d'Ypinx-les-Trembles, sis à deux lieues de Perpignan, — non loin d'un val des Pyrénées-Orientales, ouvert sur cette plaine de Ruyssors que bornent, à l'horizon, vers l'Espagne, de grandes sapinières.

En pente, au-dessus d'un gave dont l'écume bouillonnait entre des roches, le jardin, d'où s'élançaient, ombrageant mille fleurs mi-sauvages, des touffes de lauriers-roses et de caroubiers, encensait, d'une vapeur de cassolettes, la riante bastide, et de hauts prussiers, s'étageant derrière elle, disséminaient, au frôler des brises pyrénéennes, ces aromales senteurs de baume sur le village. — Un paradis, cette pauvre et jolie demeure! qu'habitait, avec sa jeune femme, ce beau gars de vingt-huit ans, à peau blanche, aux yeux de brave.

Sa chère Ardiane, dite la belle Basquaise, à cause des siens, était née à Ypinx-les-Trembles. D'abord enfant glaneuse, — fleur de sillons, — puis faneuse, puis, comme les orphelines du lieu, cordière-tisserande, elle avait grandi chez une vieille marraine qui, jadis, l'avait recueillie en sa masure et qu'en retour la jeune fille avait nourrie de son travail, ainsi que soignée à l'heure de la mort. — Et la sage Ardiane Inféral s'était distinguée, toujours, malgré son enfiévrante beauté, par une conduite sans reproches. De sorte que Pier Albrun, — ex-fourrier aux chasseurs d'Afrique, puis, de retour, sergent instructeur du corps des pompiers de la ville, puis exempté du service pour blessures gagnées dans les incendies, et nommé enfin, pour actes de mérite, à la charge du précédent garde-chef, — avait épousé Ardiane, après six mois, environ, de baisers et de fiançailles.

Or, ce soir-là, près de la croisée grande ouverte sur un ciel d'étoiles, la belle Ardiane, assise, des grains de corail au cou, ses bandeaux noirs au long de ses joues pâles, svelte, en un blanc peignoir, dans le fauteuil de paille tressée, et son bel enfant, de huit mois déjà, lui épuisant le sein, regardait, de ses noirs yeux un peu fixes, le village endormi, la campagne lointaine — et, tout là-bas, les remuantes verdures des sapins. Aux souffles de la nuit, saturés d'effluves de fleurs, ses narines, arquées, voluptueusement frémissaient; la bouche montrait ses irisées dents très blanches entre le pur dessin de ses lèvres couleur de sang; — la main droite, une alliance d'or au second doigt, jouait, distraite, entre les cheveux friselés de son « homme », lequel, à ses pieds, appuyait sur les genoux de la jeune femme sa tête franche et joyeuse, et qui riait à son petit.

Autour d'eux, éclairée par la lampe sur une table, leur chambre nuptiale aux murs tendus de gros papier bleu pâle où se détachait le luisant d'une carabine; près du large lit blanc, — défait, un berceau sous un crucifix; sur la cheminée, un miroir, et, près d'un réveil, entre des flambeaux de cristal, une touffe de genévriers rosés dans une urne d'argile peinte, devant les deux portraits-cartes encadrés de sparterie.

Certes, un paradis, cette demeure! Ce soir-là surtout! Car, dans la matinée de ce beau jour envolé, les joyeux aboiements des deux chiens du jeune garde-chef des Eaux-et-forêts avaient annoncé un visiteur. — C'était une ordonnance, envoyée par le préfet de la ville, et qui avait remis à Pier Albrun le large tube de fer-blanc, contenant — ô joie profonde! — la croix d'honneur, ainsi que le brevet et la lettre ministérielle spécifiant les titres et motifs qui avaient décidé la nomination. Ah! comme il les avait lus, à haute voix, au soleil, dans le jardin, les mains tremblantes d'un plaisir fier, à sa chère Ardiane!

« Pour actes de bravoure, en divers engagements,

durant son service aux tirailleurs algériens, en Afrique ; — pour sa conduite intrépide, comme sergent instructeur aux pompiers du chef-lieu, pendant les incendies successifs qui, en 1883, avaient éprouvé la commune d'Ypinx-les-Trembles, les nombreux sauvetages qu'il y avait accomplis ainsi que les deux blessures qui, entraînant son exemption de service, lui avaient déjà valu sa place forestière, etc., etc. » — C'est pourquoi, ce soir-là, Pier Albrun et sa femme s'attardaient, près de la croisée, au souvenir de toute cette journée de fête ; il serrait encore dans le creux de sa main, — ne pouvant se lasser de la regarder de temps à autre, — la croix au ruban de moire rouge !

Un voile de bonheur et d'amour semblait les envelopper tous les deux, aux lueurs silencieuses du firmament.

Cependant la belle Ardiane considérait, toujours songeuse, au loin, certains intervalles de murs noircis et ruinés entre les maisons et les chaumières blanches du village. On les avait laissés à l'abandon, sans rebâtir. L'an précédent, en effet, en moins d'un semestre, Ypinx-les-Trembles s'était vu, tout à coup, sept fois illuminé, en des nuits sans lune, par de soudains sinistres, au milieu desquels des victimes de tout âge avaient péri. — C'était, d'après une rumeur, l'œuvre de vindicatifs contrebandiers, qui, mal accueillis dans le village, y étaient revenus, chaque fois, allumer ces brûlis : puis, disparus là-bas, dans les sapinières, cachés dans les fourrés de myrtes et de trembles, échappant à la gendarmerie qui ne pouvait les y poursuivre, ils avaient su gagner la frontière — et les sierras. Depuis, les scélérats ayant été pris, sans doute, à l'étranger, pour autres crimes, les sinistres avaient cessé.

— A quoi penses-tu, mon Ardiane? murmura Pier, en baisant les doigts de la pâle main distraite qui venait de lui caresser les cheveux et le front.

— A ces murs noirs, d'où sort notre bonheur! répondit lentement la Basquaise, sans détourner la tête. — Tiens! (et elle indiqua du doigt, là-bas, une des ruines) — c'est au feu de cette ferme-là que je te revis!

— Je croyais que ce fut là notre première fois? répondit-il.

— Non, la seconde! reprit Ardiane. Je t'avais vu, d'abord, à la fête de Prades, dix jours avant, — et, méchant, tu ne m'avais pas remarquée. Moi, le cœur, pour la première fois, m'avait battu : je sentis follement que tu étais mon seul homme!... Va, ce fut de cet instant que je résolus d'être ta femme — et, tu sais, ce que je veux, je le veux.

Ayant relevé la tête, Pier Albrun considérait aussi les ruines entre les maisons toutes blanches du clair de lune.

— Ah! cacheuse, tu ne me l'avais pas dit! reprit-il en souriant. Mais ce fut à l'incendie de cette grosse chaumière-là, derrière l'église, que, — voulant, en vain, sauver le vieux couple dont les os n'ont même pas été retrouvés dans les décombres, — une poutre en feu m'ayant blessé, tu me fis venir chez ta vieille marraine, la mère Inféral, et tu m'y soignas si bien, en me réconfortant de ce bon vin chaud... tout prêt déjà, qu'on eût dit!... — C'est égal, ces pauvres vieux, tout de même! Ça serre le cœur d'y songer!

— Tu sais, murmura la Basquaise, je les regrette moins, moi : je les connus que j'étais enfant ; ils me payaient mal mes écrus, mes fines cordes : trois sous, cinq sous, — et ils rechignaient ; — la vieille ricanait de me voir belle... et puis, ce qu'elle essayait de me calomnier, de son vilain coin de bouche! Et jamais rien aux pauvres! — Aussi, puisqu'on est tous mortels... A quoi qu'ils servaient, ces vieux avaricieux-là? Nous eussions brûlé, nous, qu'ils eussent dit *c'est bien fait!* Et... de même, à peu près, des autres! — N'y pense donc plus! — Tiens, voici la chaumine Desjoncherêts : celle-là flambait dur, est-ce pas? Ce fut à celle-là que tu m'as embrassée après, chez nous, pour la première fois. Tu avais sauvé le petit; tu t'en étais donné, de la peine! Ah! je t'admirais! Tu étais très beau, je te dis, sous ton casque aux reflets tout rouges!... Ce baiser-là, vois-tu, — si tu savais!

Elle étendit encore sa main tranquille au

dehors : l'alliance brilla sous un rais d'astre :
— elle reprit :

— Puis, à celle-là, tiens, nous nous fiançâmes ; — puis, à celle-là, je fus à toi, dans la grange ; et ce fut à celle-ci que tu gagnas, enfin, ta rude et chère blessure, mon Pier !... Aussi, j'aime à regarder ces trous sombres : nous leur devons notre joie, ta bonne place de garde-chef, notre mariage, et cette maisonnette... où est né notre enfant !

— Oui, murmura Pier Albrun devenu pensif : cela prouve que Dieu tire le bien du mal... Mais, va, si je tenais, tout de même, au bout de ma carabine, le trio de scélérats...

Elle se détourna, les yeux graves ; ses sourcils contractés se touchèrent, formant une ligne noire.

— Tais-toi, Pier, dit-elle. Est-ce donc à nous de maudire les mains qui ont mis le feu ! Nous leur devons, te dis-je, jusqu'à cette croix que tu serres en ton poing. Réfléchis donc un peu, mon cher Pier : la ville seule, tu le sais bien, a une caserne pour ses incendies, pour ceux des faubourgs et des trois villages : Prades et Céret sont trop loin. Toi, pauvre sergent des pompiers, toujours sur le *qui-vive*, interné, sans congé possible, dans la caserne, devant tenir, constamment, prêts à toute alarme, tes hommes, tu ne pouvais sortir de cette prison *que pour ton service!* Une seule absence pouvait t'enlever ta paye et ton grade! — Il vous fallait une heure, rien que pour venir ici, quand ça brûlait!... Moi, je tressais mon chanvre, à cinq sous par jour, à Ypinx, avec la tremblante vieille sur les bras... et, l'hiver, c'était dur! Comment aller vivre à la ville sans m'y vendre un peu, comme les autres ? — et tu comprends, toi, mon seul homme! que ça ne se pouvait pas! — Donc, sans tous ces beaux sinistres, je tordrais encore mes cordes, dans les ruelles, au village, et toi, tu *trimerais* encore dans le feu : — nous ne nous serions jamais revus, ni parlé, ni assortis. Or, je trouve qu'il fait meilleur ici, ensemble. Crois moi, ça vaut bien ce qui est arrivé à tous ces... indifférents-là !

— Cruelle, tu as du sang de volcan dans les veines! répondit Albrun.

— D'ailleurs, les contrebandiers, — reprit-elle avec un si étrange sourire qu'il en tressaillit, — ils ont bien autres choses à faire que de revenir s'acharner pour rien : laisse donc! c'est bon pour les simples d'ici... de croire que c'est eux!

Le garde-chef, sans se rendre compte de ce qu'il éprouvait, la regarda, soucieux, en silence ; puis :

— Qui serait-ce, alors? dit-il : ici, tout le monde s'aime; on se connaît; pas de voleurs, — ni de malfaiteurs, jamais! Personne, que ces tueurs de gabelous, n'avait intérêt... Quelle main... par vengeance... aurait osé...

— Peut-être fut-ce par amour! dit la Basquaise : — tiens, moi, tu sais, une fois aimante... ciel et terre périssent plutôt! — Quelle main, dis-tu? Voyons, mon Pier!... Et — si c'était celle que tu tiens là, sous tes lèvres?

Albrun, qui connaissait sa femme, laissa tomber, en un saisissement, la main qu'il baisait : il ressentit comme froid plein le cœur.

— Tu veux rire, Ardiane? dit-il.

Mais la sauvage créature parfumée, la belle fauve, d'un enivrant mouvement d'amour, l'attira par le cou — et, d'une voix entrecoupée, dont l'haleine brûla l'oreille du jeune homme, lui chuchota, très bas, sous les cheveux :

— Pier !... Puisque je t'adorais ! Pier, puisque nous étions enfermés dans l'indigence, et *que bouter le feu à ces taudions était le* SEUL *moyen de nous voir! et d'être l'un à l'autre! et d'avoir notre enfant!*

A ces affreuses paroles, Pier Albrun, l'ex-bon soldat, s'était dressé, les pensers en désarroi, le vertige dans les prunelles. — Hagard, il chancelait ! Soudain, sans mot répondre, le garde-chef lança par la croisée, dans les ombres basses, vers le torrent, la croix d'honneur — et d'un jet si violent que l'une des arêtes d'argent de ce joyau, éraflant une roche dans sa chute, en fit jaillir une étincelle avant de s'engouffrer dans l'écume. Puis il fit un geste vers l'arme suspendue au mur ; mais ses regards ayant rencontré les yeux endormis de son enfant, il s'arrêta, livide, fermant les paupières.

— Que cet enfant soit prêtre, pour qu'il puisse t'absoudre ! dit-il, après un grand silence.

Mais la Basquaise était si ardemment belle que, vers les cinq heures du matin, — de trop persuadeurs désirs aveuglant, peu à peu, la conscience du jeune homme, — sa terrible compagne finit par lui sembler douée d'un cœur *héroïque*. Bref, Pier Albrun, dans les délices d'Ardiane Inféral, faiblit — et pardonna.

Et, s'il faut parler franc, — *après tout, pourquoi n'eût-il point pardonné ?*

Tel autre, criant un adieu rauque, se fût enfui ? Trois mois après, les gazettes eussent relaté sa mort « glorieuse » en Chine ou chez les Hovas; l'enfant, laissé en détresse, fût rentré dans les limbes; et la Basquaise, entretenue dans quelque ville, eût, sans doute, levé les épaules à cette nouvelle lointaine qu'elle était veuve, — et, tout bas, eût traité le défunt d'imbécile.

Tels eussent été les résultats d'une austérité trop rigide.

Aujourd'hui, Pier et son Ardiane s'adorent,

et, — moins l'ombre du secret, qu'ils gardent et qui les unit à jamais, — certes, ils paraissent des heureux!... Il a su repêcher sa croix, qu'il a bien gagnée d'ailleurs, et qu'il porte.

Enfin, si l'on songe à ce que l'Humanité admire, estime ou approuve, ce dénouement-là, pour tout esprit sérieux et sincère, n'est-il pas le plus... PLAUSIBLE ?

L'HÉROISME

DU

DOCTEUR HALLIDONHILL

———

A MONSIEUR LOUIS-HENRY MAY

L'HÉROISME
DU
DOCTEUR HALLIDONHILL

> Tuer pour guérir!
> *Adage officiel de* Broussais.

L'insolite cause du docteur Hallidonhill va venir prochainement aux assises de Londres. Voici les faits :

Le 20 mai dernier, les deux vastes antichambres de l'illustre spécialiste, du curateur *quand même* de toutes les affections de la poitrine, regorgeaient de clients, comme d'habitude, leurs tickets d'ordre à la main.

A l'entrée se tenait, en longue redingote noire, l'essayeur de monnaies : il recevait de chacun les deux guinées de rigueur, les éprouvait, d'un seul coup de marteau, sur une enclume de luxe, criant *All right!* automatiquement.

Dans le cabinet vitré, — bordure, tout alentour, de grands arbustes des tropiques en leurs vastes pots du Japon, — venait de s'asseoir, devant sa table, le rigide petit docteur Hallidonhill. A ses côtés, auprès d'un guéridon, son secrétaire sténographiait de brèves ordonnances. Au montant d'une porte veloutée de rouge, à clous d'or, un valet de monstrueuse encolure se dressait, ayant pour office de transporter, l'un après l'autre, les chancelants pulmonaires sur le palier de sortie, — d'où les descendait, en fauteuils spéciaux, l'ascenseur (ceci dès que le sacramentel « A un autre ! » était prononcé).

Les consultants entraient, l'œil vitreux et voilé, le torse nu, les vêtements sur le bras; ils recevaient, à l'instant, au dos et sur la poitrine, l'application du plessimètre et du tube :

— Tik! tik! plaff! Respirez!... Plaff!... Bien.

Suivait une médication dictée en quelques secondes, — puis le fameux « A un autre ! »

Et, depuis trois années, chaque matin, la procession défilait ainsi, banale, de neuf heures à midi précis.

Soudain, ce jour-là, 20 mai, neuf heures sonnant, voici qu'une sorte de long squelette, aux prunelles évoluantes, aux creux des joues se touchant sous le palais, le torse nu, pareil à une cage entortillée de parchemin flasque, soulevée par l'anhélation d'une toux cassée, — bref, un douteux vivant, une fourrure de renard bleu ployée sur l'un de ses décharnés avant-bras, allongea le compas de ses fémurs dans le cabinet doctoral, en se retenant de tomber aux longues feuilles des arbustes.

— Tik! tik! plaff! Au diable! Rien à faire! grommela le docteur Hallidonhill : suis-je un coroner bon à constater les décès?... Vous expumerez, sous huit jours, le suprême champignon de ce poumon gauche : et le droit est une écumoire!... — A un autre!

Le valet allait « enlever le client », lorsque l'éminent thérapeute, se frappant le front, ajouta brusquement, avec un sourire complexe :

— Êtes-vous riche?

— Ar-chi-mil-lionnaire! râla, tout larmoyant, l'infortuné personnage qu'Hallidonhill venait de congédier si succinctement de la planète.

— Alors, que votre carrosse-lit vous dépose à Victoria station! Express de onze heures pour Douvres! Puis le paquebot! Puis, de Calais à Marseille, sleeping-car avec poêle! Et à Nice! — Là, six mois de cresson, jour et nuit, sans pain, ni vins, ni fruits, ni viandes. Une cuiller d'eau de pluie bien iodée tous les deux jours. Et cresson, cresson, cresson! pilé, broyé, en son jus: — seule chance... et encore! Ce prétendu curatif, dont on me rebat les oreilles, me paraissant plus qu'absurde, je l'offre à un désespéré, mais sans y croire une seconde.

Enfin, tout est possible... — A un autre!

Le crésus phtisique une fois posé délicatement dans le retrait capitonné de l'ascenseur, la procession normale des pulmonaires, scorbutiques et bronchiteux, commença.

Six mois après, le 3 novembre, neuf heures

sonnant, une espèce de géant à voix formidable et joyeuse — dont le timbre fit vibrer le vitrage du cabinet de consultations et frémir les feuilles des plantes tropicales, un joufflu colosse, en riches fourrures, s'étant rué, bombe humaine, à travers les rangs lamentables de la clientèle du docteur Hallidonhill, pénétra, sans ticket, jusque dans le *sanctum* du prince de la Science, lequel, froid, en son habit noir, venait, comme toujours, de s'asseoir devant sa table. Le saisissant à bras le corps, il l'enleva comme une plume et, baignant, en silence, de pleurs attendris les deux joues blêmes et glabres du praticien, les baisa et rebaisa d'une façon sonore, en manière de paradoxale nourrice normande ; puis le reposa comateux et presque étouffé en son fauteuil vert.

— Deux millions ? Les voulez-vous ? En voulez-vous trois ? vociférait le géant, réclame terrible et vivante. — Je vous dois le souffle, le soleil, les bons repas, les effrénées passions, la vie, tout ! Réclamez donc de moi des honoraires inouïs : j'ai soif de reconnaissance !

— Ah çà, quel est ce fou ? Qu'on l'expulse !... articula faiblement le docteur après un moment de prostration.

— Mais non, mais non ! gronda le géant avec un coup d'œil de boxeur qui fit reculer le valet. Au fait, je comprends que vous, mon sauveur même, vous ne me reconnaissiez pas. Je suis l'homme au cresson ! le squelette fini, perdu ! Nice ! le cresson, cresson, cresson ! J'ai fait mon semestre, et voilà votre œuvre. Tenez, écoutez ceci !

Et il se tambourinait le thorax avec des poings capables de briser le crâne aux plus primés des taureaux du Middlessex.

— Hein ! fit le docteur en bondissant sur ses pieds, — vous êtes... Quoi ! c'est là le moribond qui...

— Oui, mille fois oui, c'est moi ! hurlait le géant : — Dès hier au soir, à peine débarqué, j'ai commandé votre statue en bronze, et je saurai vous faire décerner un terrain funèbre à Westminster !

Se laissant tomber sur un vaste sopha dont les ressorts craquèrent et gémirent :

— Ah! que c'est bon, la vie! soupira-t-il avec le béat sourire d'une placide extase.

Sur deux mots rapides, prononcés à voix basse par le docteur, le secrétaire et le valet se retirèrent. Une fois seul avec son ressuscité, Hallidonhill, compassé, blafard et glacial, l'œil nerveux, regarda le géant, durant quelques instants, en silence : — puis, tout à coup :

— Permettez, d'abord, murmura-t-il d'un ton bizarre, *que je vous ôte cette mouche de la tempe!*

Et, se précipitant vers lui, le docteur, sortant de sa poche un court revolver *bull-dog*, le lui déchargea deux fois, très vite, sur l'artère temporale gauche.

Le géant tomba, la boîte osseuse fracassée, éclaboussant de sa cervelle reconnaissante le tapis de la pièce, qu'il battit de ses paumes une minute.

En dix coups de ciseau, witchûra, vêtements et linge, au hasard tranchés, laissèrent à nu la poitrine, — que le grave opérateur, d'un seul coup de son large bistouri chirurgical, fendit, incontinent, de bas en haut.

Un quart d'heure après, lorsque le constable entra dans le cabinet pour prier le docteur Hallidonhill de vouloir bien le suivre, celui-ci, calme, assis devant sa table, une forte loupe en main, scrutait une paire d'énormes poumons, géminés, à plat, sur son sanguinolent pupitre. Le génie de la Science essayait, en cet homme, de se rendre compte de l'archi-miraculeuse action cressonnière, à la fois lubréfiante et recréatrice.

— Monsieur le constable, a-t-il dit en se levant, j'ai jugé opportun d'immoler cet homme, son autopsie immédiate pouvant me révéler un secret salutaire pour le dégénérescent arbre aérien de l'espèce humaine : c'est pourquoi je n'ai pas hésité, je l'avoue, A SACRIFIER, ICI, MA CONSCIENCE... A MON DEVOIR.

Inutile d'ajouter que l'illustre docteur a été relaxé sous caution purement formelle, sa liberté nous étant plus utile que sa détention. Cette étrange affaire va maintenant venir aux assises britanniques. Ah! quelles merveilleuses plaidoiries l'Europe va lire!

Tout porte à espérer que ce sublime attentat ne vaudra pas à son héros la potence de Newgate, les Anglais étant gens à comprendre, tout comme nous, *que l'amour exclusif de l'Humanité future au parfait mépris de l'Individu présent, est, de nos jours, l'unique mobile qui doive innocenter, quand même, les magnanimes outranciers de la Science.*

LES
PHANTASMES DE M. REDOUX

A MONSIEUR RODOLPHE DARZENS

LES
PHANTASMES DE M. REDOUX

> Ce n'est pas qu'on soit bon, ou est content.
> XAVIER AUBRYET.

Par un soir d'avril de ces dernières années, l'un des plus justement estimés citadins de Paris, M. Antoine Redoux, — ancien maire d'une localité du centre, — se trouvait à Londres, dans Baker-street.

Cinquantenaire jovial, doué d'embonpoint, nature « en dehors », — mais esprit pratique en affaires, — ce digne chef de famille, véritable exemple social, n'échappait cependant pas plus que d'autres, lorsqu'il était seul et s'absorbait en soi-même, à la hantise de certains phantasmes qui, parfois, surgissent dans les cervelles des plus pondérés industriels. Ces cervelles, au dire des aliénistes, une fois hors des affaires sont des mondes mystérieux, souvent même assez effrayants. Si donc il arrivait à M. Redoux, retiré en son cabinet, d'attarder son esprit en quelqu'une de ces songeries troubles, — dont il ne sonnait mot à personne, — la « lubie » parfois étrange, qu'il s'y laissait aller à choyer, devenait bientôt despotique et tenace au point de le sommer de la *réaliser*. Maître de lui, toutefois, il savait la dissiper (avec un profond soupir!), lorsque la moindre incidence de la vie réelle venait, de son heurt, le réveiller ; — en sorte que ces morbides attaques ne tiraient guère à conséquence ; — néanmoins, depuis longtemps, en homme circonspect, se méfiant d'un pareil « faible », il avait dû s'astreindre au régime le plus sobre, évitant les émotions qui pouvaient susciter en son cerveau le surgir d'un *dada* quelconque. Il buvait peu, surtout! crainte d'être emporté, par l'ébriété, jusqu'à RÉALISER, en effet, *alors*, telle de ces turlutaines subites dont il rougissait, en secret, le lendemain.

Or, en cette soirée, M. Redoux ayant, sans y prendre garde, dîné fort bien, chez le négociant (avec lequel il avait conclu, au dessert, l'avantageuse affaire, objet de son voyage d'outre-Manche), ne s'aperçut pas que les insidieuses fumées du porto, du sherry, de l'ale et du champagne altéraient, maintenant, quelque peu, la lucidité susceptible de ses esprits. Bien qu'il fût encore d'assez bonne heure, il revenait à l'hôtel, en son instinctive prudence, lorsqu'il se sentit, soudainement, assailli par une brumeuse ondée. Et il advint que le portail sous lequel il courut se réfugier, se trouvant être celui du fameux musée Tussaud, — ma foi, pour s'éviter un rhume, en un abri confortable, ainsi que par curiosité, pour tuer le temps, l'ancien maire de la localité du centre, ayant jeté son cigare, monta l'escalier du salon de cire.

Au seuil même de la longue salle où se tenait, dans une équivoque immobilité, cette étrange assemblée de personnages fictifs, aux costumes disparates et chatoyants, la plupart couronne en tête, sortes de massives gravures de mode des siècles, Redoux tressaillit. Un objet lui était apparu, tout au fond, sur l'estrade de la Chambre des Horreurs et dominant toute la salle. C'était le vieil instrument qui, d'après des documents à l'appui assez sérieux, avait servi, en France, jadis, pour l'exécution du roi Louis XVI : ce soir-là, seulement, la Direction l'avait extrait de la réserve comme nécessitant diverses réparations : ses assises, par exemple, se faisant vermoulues.

A cette vue et mis au fait, par le programme, de la provenance de l'appareil, l'excellent actualiste-libéral se sentit disposé, pour le roi-martyr, à quelque générosité morale, — grâce à la bonne journée qu'il avait faite. — Oui, toutes opinions de côté, prêt à blâmer tous les excès, il sentit son cœur s'émouvoir en faveur de l'auguste victime évoquée par ce grave spécimen des choses de l'Histoire. Et comme en cette nature intelligente, carrée, mais trop *impressionnable*, les émotions s'approfondissaient vite, ce fut à peine s'il honora d'un coup d'œil vague et circulaire la foule bigarrée d'or, de soie, de pourpre et de perles, des personnages de cire. Frappé par l'impression majeure de cette guillotine, songeant au grand drame passé, il avisa, naturellement, le socle où se dressait, dans une allée latérale, l'approximative reproduction de Shakespeare, et s'assit, tout auprès, en confrère, sur un banc.

Toute émotion rend expansives les natures exubérantes : l'ancien maire de la localité du centre, s'apercevant donc qu'un de ses voisins (français, à son estime, et selon toute apparence), paraissait aussi se recueillir, se tourna vers ce probable compatriote et, d'un ton dolent, laissa tomber, — pour tâter, comme on dit, le terrain, — quelques idées ternes touchant « l'impression PRESQUE triste que causait cette sinistre machine, *à quelque opinion que l'on appartînt.* »

Mais, ayant regardé avec attention son interlocuteur, l'excellent homme s'arrêta court, un peu vexé : il venait de constater qu'il parlait, depuis deux minutes, à l'un de ces passants *trompe-l'œil*, si difficiles à distinguer des autres, et que MM. les directeurs des musées de cire se permettent, par malice, d'asseoir sur les banquettes destinées aux vivants.

A ce moment, l'on prévenait, à haute voix, de la fermeture. Les lustres rapidement s'éteignaient et de derniers curieux, en se retirant comme à regret, jetaient des regards sommaires sur leur fantasmagorique entourage, s'efforçant d'en résumer ainsi l'aspect général.

Toutefois, son expansion rentrée, mêlée d'excitation morbide, avait transformé, de son choc intime, la première impression, déjà malsaine, en une « lubie » d'une intensité insolite, — une sorte de très sombre marotte, qui agita ses grelots, tout à coup, sous son crâne et à laquelle il n'eut même pas l'idée de résister.

« Oh! songeait-il, se jouer à soi-même (sans danger, bien entendu!) les sensations terribles, — terribles! qu'avait dû éprouver, devant cette planche fatale, le bon roi Louis XVI!... Se figurer l'être! Réentendre, en imagination, le roulement de tambours et la phrase de l'abbé Egdeworth de Firmont! Puis, épancher son besoin de générosité morale en se donnant le luxe de plaindre — (mais, là, sincèrement !... toutes opinions à part !) — ce digne père de famille, cet homme trop bon, trop généreux, cet homme, enfin, si bien doué de toutes les qualités que lui, Redoux, se reconnaissait avoir ! Quelles nobles minutes à passer ! Quelles douces larmes à répandre !... — Oui, mais, pour cela, il s'agissait de pouvoir être seul, devant cette guillotine !... Alors, en secret, sans être vu de personne, on se livrerait, en toute liberté, à ce soliloque si *flatteusement* émouvant ! — Comment faire ?... comment faire ?... »

Tel était l'étrange *dada* qu'enfourchait, troublé par les fumées des vins de France et d'Espagne, l'esprit, un peu fiévreux déjà, de l'honorable M. Redoux. Il considérait l'extrémité des montants, recouverte, ce soir-là, d'une petite housse qui dérobait la vue du couteau, — sans doute pour ne point choquer les personnes trop sensibles qui n'eussent pas tenu à le voir. Et, comme la lubie, cette fois, *voulait* être réalisée, une ruse lumineuse, surgie de la difficulté à vaincre, éclaira soudain l'entendement de M. Redoux :

— Bravo! c'est cela!... murmura-t-il. — Ensuite, d'un appel, en allant cogner à la porte, je saurai bien me faire ouvrir. J'ai mes allumettes; un bec de gaz, lueur tragique! me suffira... Je dirai que je me suis endormi. Je donnerai une demi-guinée au garçon : ça vaudra bien ça.

La salle était déjà crépusculaire : un fanal d'ouvriers brillait seul, sur l'estrade, là-bas, — ceux-ci devant arriver au petit jour. Des paillons, des cristaux, des soieries jetaient des lueurs... Plus personne, sinon le garçon de fermeture qui s'avançait dans l'allée du Shakespeare. Se tournant donc vers son *voisin*, M. Redoux prit, subitement, une pose immobile; son geste offrait une prise; son chapeau, de bords larges, ses mains rougeaudes, sa figure enluminée, ses yeux mi-clos et fixes, les plis de sa longue redingote, toute sa personne roidie, ne respirant plus, sembla, elle aussi, et à s'y méprendre, celle d'un faux-passant. Si bien que, dans la presque totale obscurité, le garçon du musée, en passant près de M. Redoux, soit sans le remarquer, soit songeant à quelque acquisition nouvelle dont la Direction ne l'avait pas encore prévenu, lui donna, comme au *voisin* taciturne, un léger coup de plumeau, puis s'éloigna. L'instant d'après, les portes se refermèrent. M. Redoux, triomphant, pouvant, enfin, réaliser un de ses phantasmes, se trouvait seul dans les azurées ténèbres, semées d'étincellements, du salon de cire.

Se frayant passage, sur la pointe du pied, à travers tous ces vagues rois et reines, jusqu'à l'estrade, il en monta lentement les degrés vers la lugubre machine : le carcan de bois faisait face à toute la salle. Redoux ferma les yeux pour mieux se *remémorer* la scène de jadis, — et de grosses larmes ne tardèrent pas à rouler sur ses joues ! — Il songeait à celles qui furent toute la plaidoirie du vieux Malesherbes, lequel, chargé de la défense de son roi, ne put absolument que fondre en pleurs devant la « Convention nationale ».

— Infortuné monarque, s'écria Redoux en

sanglotant, oh! comme je te comprends! comme tu dus souffrir! — Mais on t'avait, dès l'enfance, égaré! Tu fus la victime d'une nécessité des temps. Comme je te plains, du fond du cœur! Un père de famille... en comprend un autre!... Ton forfait ne fut que d'être roi... Mais, après tout, moi, JE FUS BIEN **MAIRE**! (Et le trop compatissant bourgeois, un peu hagard, ajoutait d'une voix hoquetante et avec le geste de soutenir quelqu'un) : — Allons, sire, du courage!... Nous sommes tous mortels... Que Votre Majesté daigne...

Puis, regardant la planche et la faisant basculer :

— Dire qu'il s'est allongé là-dessus!... murmurait l'excellent homme. — Oui, nous étions, à peu près, de même taille, paraît-il : — et il avait mon embonpoint.

« C'est encore solide, c'est bien établi. Oh! quelles furent, quelles durent être, veux-je dire, ses suprêmes pensées, une fois couché sur cette planche!... En trois secondes, il a dû réfléchir à... des siècles!

« Voyons ! M. Sanson n'est pas là : si je m'étendais — rien qu'un peu — pour savoir... pour tâcher d'éprouver... moralement...

Ce disant, le digne M. Redoux, prenant une expression résignée, quasi-sublime, s'inclina, doucement d'abord, puis, peu à peu, se coucha sur la bascule invitante : si bien qu'il pouvait contempler l'orbe distendu des deux croissants concaves, largement entrebâillés, du carcan.

— Là ! restons là ! dit-il, et méditons. Quelles angoisses il dut ressentir !

Et il s'épongeait les yeux, de son mouchoir.

La planche formait rallonge, sur un plan incliné vers les montants. Redoux, pour s'y installer plus commodément, fit un léger haut-le-corps qui amena, glissante, cette planche, jusqu'au bord du carcan. De telle sorte que, ce hasard le favorisant encore, l'ancien maire se trouva, tout doucement, le col appuyé sur la demi-lune inférieure.

— Oui ! pauvre roi ! je te comprends et je gémis ! grommelait le bon M. Redoux. Et il m'est consolant de songer qu'une fois ici tu ne souffris plus longtemps !

A ce mot, et comme il faisait un mouvement pour se relever, il entendit, à son oreille droite, un bruit sec et léger. Crrrick ! C'était la demi-lune supérieure qui, secouée par l'agitation du contribuable, était venue, glissante aussi, s'emboîter sans doute en son ressort, emprisonnant, par ainsi, la tête de l'ex-fonctionnaire.

L'honorable M. Redoux, à cette sensation, se mut, à tort et à travers ; mais en vain : la chose avait fait souricière. Ses mains tâtaient les montants, — mais, où trouver le secret pour se libérer ?

Chose singulière, ce petit incident le dégrisa, tout à coup. Puis, sans transition, sa face devint couleur de plâtre et son sang parcourut ses artères avec une horrible rapidité ; ses yeux, à la fois éperdus et ternes, roulaient, comme sous l'action d'un vertige et d'une horreur folle ; agité d'un tremblement, son corps glacé se raidissait ; les dents claquaient. En effet, troublé par sa lourde attaque de phantasmomanie, il s'était persuadé que, *M. Samson n'étant pas là*, nul danger n'était à craindre. Et voici qu'il venait de songer qu'à sept pieds au-dessus de son faux-col et enchâssé en un poids de cent livres était suspendu le couteau ; que le bois était rongé des vers, que les ressorts étaient rouillés, et qu'en palpant ainsi, au hasard, il s'exposait à toucher le bouton qui fait tomber la chose !

Alors — sa tête s'en irait rouler aux pieds de cire de tous les fantômes qui, maintenant, lui semblaient une sorte d'assistance approbatrice ; car les reflets du fanal, en vacillant sur toutes ces figures, en vitalisaient l'impassibilité. On l'observait ! Cette foule aux yeux fixes paraissait attendre. — « A moi ! » râla-t-il ; — et il n'osa recommencer, se disant, dans l'excès de ses affres, que la seule vibration de sa voix pouvait suffire pour... Et cette idée fixe ravinait son front livide, tirait ses bonnes bajoues généreuses ; des fourmillements lui couraient sur le crâne, car, en ce noir silence et devant la hideuse absurdité d'une tel décès, ses cheveux et sa barbe commençaient graduellement à blanchir (les condamnés, durant l'agonie de la toilette, ont offert, maintes fois, ce phénomène). Les minutes le vieillissaient comme des jours. A un craquement subit du bois, il s'évanouit. Au bout de deux heures, comme il revenait à lui, le froid sentiment de sa situation lui fit savourer un nouveau genre d'intime torture, jusqu'au moment où le soudain grattement d'une souris lui causa une syncope définitive.

Au rouvrir des yeux, il se trouva, demi-nu, en un fauteuil du musée, entouré de garçons et d'ouvriers qui le frottaient de linges chauds, lui faisaient respirer de l'alcali, du vinaigre, lui frappaient dans les mains.

— Oh!... balbutia-t-il, d'un air égaré, à la vue de la guillotine sur l'estrade.

Une fois un peu remis, il murmura :

— Quel rêve ! oh! la nuit — sous... l'épouvantable couteau !

Puis, en quelques paroles, il ébaucha une histoire : « Mû par la curiosité, il avait voulu *voir* : la planche avait glissé, le carcan l'avait saisi — et... il s'était trouvé mal. »

— Mais, monsieur, lui répondit le garçon du musée, — (le même qui l'avait épousseté la veille), — vous vous êtes alarmé sans motif.

— Sans motif!!.. articula péniblement Redoux, la gorge encore serrée.

— Oui : le carcan n'a pas de ressorts et ce sont les coins, en se touchant, qui ont produit le bruit; en vous y prenant bien, vous pouviez le soulever — et, quant au couteau...

Ici le garçon, montant sur l'estrade, enleva du bout d'une perche, la housse vide :

— Il y a deux jours qu'on l'a porté à revisser.

A ces paroles, M. Redoux, se redressant sur ses jambes, et s'affermissant, regarda, bouche béante.

Puis, s'apercevant dans une glace, lui, vieilli de dix années, — il donna, en silence, avec des larmes cette fois sincères, trois guinées à ses libérateurs.

Cela fait, il prit son chapeau et quitta le musée.

Une fois dans la rue, il se dirigea vers l'hôtel, y prit sa valise. — Le soir même, à Paris, il courut se faire teindre, rentra chez lui — et ne souffla jamais un mot de son aventure.

Aujourd'hui, dans la haute position qu'il occupe à l'une des Chambres, il ne se permet plus un seul écart du régime qu'il suit contre sa tendance au phantasme.

Mais l'honorable *leader* n'a pas oublié sa nuit lamentable.

Il y a quatre ans, environ, comme il se trouvait dans un salon neutre, au milieu d'un groupe où l'on commentait les doléances de certains journaux sur le décès d'un royal exilé, l'un des membres de l'extrême-droite prononça tout à coup les excessives paroles suivantes — car tout se sait ! — en regardant au blanc des yeux l'ex-maire de la localité du centre :

— « Messieurs, croyez-moi ; les rois, même défunts, ont une manière... parfois bien dédaigneuse... de châtier les farceurs qui osent s'octroyer l'hypocrite jouissance de les plaindre ! »

A ces mots, l'honorable M. Redoux, en homme éclairé, sourit — et changea la conversation.

CE MAHOIN!

A MONSIEUR LOUIS WELDEN HAWKINS

CE MAHOIN!

> Un horripilant cauchemar.
> EDGAR ALLAN POE.

Ah! ce Mahoin! l'hybride et fangeux brigand! Le tragique et retors malvat! Un rôdeur de routes, une face de crime, à reflets ternes, couleur de couteau sale : l'air d'un gros mauvais prêtre, moins la défroque : et gare à ce qu'il rencontrait! — Échanger une parole avec son grouïnement de ragot féroce portait malheur aux campagnards ; — c'était, à leur estime, un fauteur de sécheresses, d'épizooties, de brûlis. Son horrible vigueur musculaire faisait qu'on lui souriait, sur les chemins, dans la campagne belge des environs d'Ixelles ; cependant — (et il le savait, d'instinct!) — les plus débonnaires des maîtres d'école, les plus bénins des médecins de villages, souhaitaient, à sa rencontre, en deçà de leurs sourires, que les vieux tortionnaires inoubliés de l'occupation espagnole sortissent une fois de leur séculaire et poudroyant repos pour épuiser, sur son ignoble individu, les ressources de leur art. — La nomenclature des forfaits de ce Mahoin défrayait les veillées et, comme la plupart des gendarmes belges renonçaient à le surprendre hors de ses repaires inconnus, le scélérat, terreur du pauvre et du riche, faisait trembler, à vingt lieues à la ronde, chaumières, couvents, maisons de plaisance et châteaux. — De très jeunes filles, bourgeoises et villageoises, en crise de puberté, le désiraient, — entre autres envies morbides, — quitte à s'étonner, une fois muées, de tout ce nauséeux amas d'appétits dont elles s'étaient senties tourmentées. Seulement, le monstre avait conscience exacte de ces crises, qu'il guettait. Et, donc, il s'était diverti, depuis dix ans, dans les fossés, dans les bois, dans les luzernes, avec une trentaine, à peu près, de ces infortunées. L'on comptait, également, à son acquit, une forte douzaine de meurtres, commis avec des circonstances de barbarie surprenantes, d'une hideur inouïe; des effractions d'une audace hors ligne, d'innombrables larcins — des viols de différents genres, d'une luxure à ce point révoltante que le huis-clos même en eût peut-être refusé les révélations (bien qu'il soit de notoriété que, par tous les pays, la magistrature est friande, en général, de récits égrillards); enfin, — et c'est ce qui fit déborder la coupe de la fureur publique, — des détournements continuels de vases sacrés, opérés avec bris de tabernacles, strangulation des bedeaux, — suivie de profanations exercées sur leurs cadavres ; — etc.

Cet état de choses ne pouvait durer : nous l'avons dit, la mesure était comble : il fallait en finir. Une battue sérieuse, avec accompagnement de dogues, de fourches et de carabines, fut organisée et, — de concert avec la gendarmerie, — l'on fut assez heureux pour capturer, dans la grange d'une ferme incendiée, entre deux cultivateurs carbonisés, l'affreux Mahoin : ceci au moment même où il se disposait à consommer, au milieu de fenaisons, sur la personne d'une enfant de trois ans et demi à peine, le plus odieux des attentats.

Il fallut six des plus vigoureux gendarmes du pays pour maintenir et ligotter la grondante bête puante, puis la jeter dans une charrette et la porter ensuite au fond d'un cachot de la prison d'Ixelles.

L'instruction ne fut pas longue : — les assises le furent moins encore : ce Mahoin, comme bien on le pense, fut condamné au dernier supplice, — haut la main, presque sommairement! — et le recours en grâce dûment jeté au panier par Qui de droit : tout cela va sans dire.

Jusqu'ici, j'en conviens, rien de bien extraordinaire : — mais il se passa, le jour de l'exécution capitale, un incident dont la bizarrerie, peu commune, mérite mention.

Aux termes de l'arrêt, la guillotine, sur son grand échafaud, devait être dressée sur la place foraine d'Ixelles.

Or, grâce à la courtoisie du parquet flamand, le jour précis de l'exécution fut connu bien à l'avance : on en finirait vers les sept heures du matin.

En sorte que, le renom du scélérat s'étant répandu dès longtemps à travers la contrée, il se trouva que, de toutes parts, les routes furent encombrées d'une énorme affluence de curieux, de paysans, de bourgeois, de commerçants des deux sexes, suivis de leurs enfants : l'on marcha toute la nuit aux environs d'Ixelles — comme si l'on se fût rendu à une sorte de fête nationale. On voulait voir comment il se tiendrait, le front qu'il aurait. — Et puis, l'on respirerait plus à l'aise de l'avoir vu périr. Rien ne coûte à la vindicte de la foule une fois parvenue à cette effervescence : aussi tous les propriétaires des maisons environnant la place firent d'excellentes affaires cette nuit-là. Comme il pleuvait un peu (c'était, je crois, en octobre), tous les greniers, toutes les mansardes, sous ces grands toits charpentés et ardoisés en pente raide, furent loués tant la place à des milliers d'individus qui s'y tassèrent, debout, et demeurèrent ainsi jusqu'au matin, dans l'obscurité, en causant, coude à coude, — pressés, osons le dire, comme de véritables harengs, — sous les poutres des toits.

Dehors, sur la grand'place, c'était un niveau remuant d'environ quinze mille têtes ; — à grand'peine une triple haie de troupes protégeait le libre parcours de la charrette jusqu'au pied de l'échafaud.

Les heures passèrent : le petit jour parut, blanchit les murs, puis le brumeux soleil se leva. Toutes les fenêtres étaient garnies de figures au point que, derrière celles-ci, les gens ayant étagé des chaises, d'autres figures montaient jusqu'aux cintres et que des mains s'accrochaient aux grosses tringles des rideaux enlevés, aux corniches des murs, ceci du haut en bas des maisons.

Enfin, sept heures sonnèrent : et le cri : *le voilà ! le voilà !* retentit : une grommelante rumeur de houle s'éleva de toute la place.

C'était *lui*, en effet, sur le banc de la charrette, à côté du prêtre qu'il n'écoutait pas.

Solidement ficelé de garcettes, les bras au dos, tête rase, cou nu, blafard, il regardait.

Devant et derrière le véhicule, un piquet de gendarmes faisait escorte.

Deux aides l'attendaient, au pied de l'échafaud, pour l'aider à gravir les douze marches ; — l'exécuteur était debout devant la planche, bras croisés.

Mahoin considéra d'un œil d'abord hébété l'ensemble de la place ; puis il éclata d'un rire presque inquiétant, qui s'entendit au loin, dans le silence, et vibra, faisant tressaillir les nerfs de la foule. Mais le rire s'arrêta brusquement ! Le condamné venait, en relevant les yeux, d'apercevoir un spectacle qui l'étonnait lui-même — et qu'il ne pouvait, sans doute, s'expliquer en ce moment trouble.

Sur les pentes presque perpendiculaires des toitures, criblant la longueur totale de leurs dimensions, l'ardoiserie venait d'être soulevée et arrachée. Et, à travers les milliers de trous superposés, voici que des milliers de têtes de décapités parlants apparaissaient, roulant leurs yeux vers la place et rendant son regard au bandit — sans qu'il fût, tout d'abord, possible de comprendre *où pouvaient bien être les corps appartenant à ces têtes.*

C'était, — le lecteur l'a déjà deviné, — la multitude des curieux qui avaient passé la nuit dans les mansardes et les greniers. Aussitôt que, par les lucarnes, leur fut parvenue la clameur d'en bas, tous, d'un commun accord, avaient levé les poings et fait sauter les ardoises — puis, s'agrippant et se suspendant aux poutres qui en craquèrent, ils avaient passé leurs têtes au dehors, afin de voir! afin de voir!...

Or, devant cette quantité de têtes, qu'éclairait le brouillard en feu et qui guettaient le tomber de la sienne, les yeux du patient s'agrandirent : — en un grave silence, affolé peut-être, il considéra, dans les airs d'alentour, en frissonnant, cette mouvante assemblée incorporelle de faces sinistres, — avec une stupeur telle... *qu'il fut décapité bouche béante.*

Ce Mahoin!

LA
MAISON DU BONHEUR

LA
MAISON DU BONHEUR

> Là, tout n'est qu'ordre et beauté,
> Luxe, calme et volupté !
> (CHARLES BAUDELAIRE. *L'Invitation
> au voyage.*)

Deux beaux êtres humains se sont rencontrés à cette heure des années qui précède le tomber merveilleux de l'automne ; à cette heure où, — telle que, sur de riches forêts, après une ondée d'orage, l'étoile du soir, — la Mélancolie se lève, illuminant de mille teintes magiques toutes les âmes bien nées.

Autrefois, — ô souvenances déjà lointaines ! — ces deux âmes, dès les premières aurores, apparurent natalement blanches et douées, à l'état nostalgique, d'une sorte de languide passion pour les seules choses du Ciel. — On eût dit d'éternels enfants, destinés à mourir comme les oiseaux s'envolent et que le lis du matin serait la seule fleur oubliable sur leurs chastes tombes.

Mais ils étaient prédestinés à vivre, — et l'Humanité est venue avec ses luttes et ses stupeurs.

Elle et lui, l'un de l'autre isolés par le hasard des villes et des contrées, grandirent, en des milieux parallèles, sans se rencontrer jamais.

Au cours de l'existence, et sous tous les cieux, ils eurent donc à subir le salut des passants polis, aux yeux sourieurs, aux airs sagaces, aux admirations officielles, aux jugements d'emprunt, aux préoccupations oiseuses, aux riens compassés, aux cœurs uniquement lascifs, aux politiques visées, aux calomnieux éloges, — et dont les présences, très distinguées, dégagent une odeur de bois mort.

Ah! c'est que tous deux avaient, comme nous, reçu le jour au sein triste de ces nations occidentales, lesquelles, sous couleur d'établir, enfin, sur la terre, le règne « régulier » de la Justice, vont,

se dénuant, à plaisir, de ces instincts de l'en-Haut
— qui, seuls, constituent l'Homme réel, — et
préfèrent s'aventurer *librement*, désormais, au
gré d'une Raison désespérée, à travers les hasards
et les phénomènes, en payant chaque « découverte » d'un endurcissement plus sourd du cœur.

Au spectacle environnant de cet effort moderne, le plus sage, humainement, — aux yeux,
du moins, des gens du « monde », — ne serait-ce pas de se laisser vivre, en vagues curieux,
n'acceptant des années que les sensualités intellectuelles ou physiques, et sans autres passions
que celle du plus commode éclectisme ?

Cependant, Paule de Luçanges, ainsi que le duc
Valleran de la Villethéars, dès leur juvénilité,
commencèrent à ressentir beaucoup d'étonnement de faire partie d'une espèce où le dépérissement de toute foi, de tous désintéressés enthousiasmes, de tout amour noble ou sacré,
menaçait de devenir endémique.

Aucuns passe-temps ne pouvaient les distraire
de l'humiliant déplaisir qu'ils en éprouvèrent,
encore presque enfants, sans, toutefois, le laisser

transparaître, à cause d'une sorte de charité très douce dont ils étaient essentiellement pénétrés. Paule, svelte, en sa beauté d'Hypatie chrétienne, était de la race de ces mondaines aux cœurs de vestales qui, préservées mieux que les Sand, les Sapho, les Sévigné, même, ou les Staël, de la vanité d'écrire, gardent, très pure, la lueur virginale de leur inspiration pour un seul élu. Lui ne se distinguait, en apparence, du commun des personnes de bonne compagnie que, — parfois, — par un certain coup d'œil bref, très pénétrant, un peu fixe et dont l'indéfinible impression dissolvait ou inquiétait autour de lui les plus banales insouciances.

Tous deux, ainsi, voilaient, sous les irréprochables dehors qu'imposent les convenances aux êtres bien élevés, les géniales facultés de méditation dont leur Créateur avait doté leurs esprits solitaires. Et, de jour en jour, ces singuliers adolescents, — autant que les despotiques devoirs d'un rang dont ils s'honoraient le leur pouvaient permettre, — s'éloignaient de ces mille distractions si chères, d'habitude, à la jeunesse élégante.

Ne perdaient-ils pas les heures dorées de leur printemps en de trop songeuses et sans doute stériles réflexions touchant... par exemple, ces nébuleux problèmes, — réputés insignifiants, ennuyeux ou insolubles — et auxquels, cependant, une bizarre particularité de conscience les contraignait de s'intéresser ?...

— Peut-être.

— Mais il leur apparaissait qu'autour d'eux, par exemple, l'Esprit de nos temps en travail, — qui s'efforce d'enfanter, pour la gloire d'un prestigieux Avenir, le monstre d'une chimérique Humanité décapitée de Dieu — les mettait en demeure, eux aussi, en ce qui concernait l'*humain* de leurs êtres, d'opter, au plus secret de leurs pensées, entre leurs ataviques aspirations... et Lui.

Le récent idéal — (ce progressif Bien-être, toujours proportionnel aux nécessités des pays et des âges et dont chaque degré, suscitant des soifs nouvelles, atteste l'*Illusoire* indéfini... par conséquent la fatale démence d'y confiner notre But suprême...) — ne sut éveiller en leurs intelligences qu'une indifférence vraiment absolue. L'orgueilleux bagne d'une telle finalité ne pouvait, en effet, séduire ou troubler, même un instant, ces deux consciences qui, tout éperdues de Lumière et d'humilité, se souvenaient de leur origine. Et ces réalités de bâtons flottants — en qui se résolvent, d'ordinaire, les fascinants mirages à l'aide desquels le vieil opium de la Science dessèche les yeux des actuels vivants, — ces « conquêtes de l'Homme moderne », enfin, leur semblaient infiniment moins utiles que mortellement inquiétantes, — étant remarqués, surtout, le quasi-simiesque atrophiement du Sens-surnaturel qu'elles coûtent... et l'espèce d'ossification de l'âme qu'elles entraînent. Imbus d'un atavisme QUI, EN RÉALITÉ, COMMENÇAIT A DIEU, ils se fussent (oh! même affamés!) refusés, d'instinct, certes! à céder, malgré l'exemple, les droits sacrés de leur aînesse consciente contre toutes les pâtées de lentilles vénéneuses dont un périssable Actualisme eût tenté de séduire leur inanition. Quant à cet Avenir, dont une église de rhéteurs têtus prophétisait la perdurable et sublime rutilance, ces deux jeunes gens hésitaient à s'infatuer au point de par trop oublier, aussi, qu'en fin de compte, (— ne fût-ce qu'au témoignage criard de ces vingt-six changements à vue dont ne cesse de nous assourdir, sous nos pieds, la menaçante géologie, — et en passant même sous silence les fort troublantes révélations de l'astronomie moderne, —) l'univers attesta, maintes fois, inopinément, être une salle trop peu sûre pour que l'on dût caresser une minute l'idée de jamais pouvoir s'y installer définitivement.

En sorte que tout le clinquant intellectuel de la Science, toutes les boîtes de jouets dont se paye l'âge mûr de l'Humanité, tous les bondissements désespérés des impersuasives métaphysiques, tout l'hypnotisme d'un Progrès — si magnifiquement naturel, éclairé par la providence d'un Dieu révélé et, sans lui d'une vanité si poignante, — non, tout cela ne leur paraissait pas aussi *sérieux*, ni aussi *utile*, en substance, que le tout simple et natal regard de l'Homme vers le Ciel.

Socialement, toutefois, il leur était difficile, en eux-mêmes, de condamner, à l'étourdie, l'évidence de cet effort de tous vers la grande Justice, — vers une équité meilleure, enfin, que celle dont se lamente le Passé. Mais les résultats très précis, obtenus en appliquant ces théories humanitaires, — empruntées, d'ailleurs, à l'éternel Christianisme, — semblaient jusqu'à présent, — il fallait bien se l'avouer, — singulièrement en désaccord avec les admirables intentions de leurs partisans. Comment ne pas reconnaître, en effet, que les plus libres, les plus fiers et les plus jaloux de la Liberté, parmi les peuples, sont ceux-là même qui, les longs fouets ensanglantés aux poings, supplicient le plus leurs esclaves, savent humilier le mieux leurs pauvres et, entre les forfaits à commettre, ne préfèrent, *jamais* que les plus vils ?

Comment éviter, par tous pays, le spectacle de ces triomphantes lupercales où les majorités — au patriotisme si lucratif, aux éloquences foraines, — exultent si gravement, et dont la sereine servilité, — giratoire seulement aux uniques souffles de ces trahisons écœurantes philosophiquement situées au-dessous de toute pénalité comme de tout dédain, — affirme outre mesure en quelle désespérante inanité s'aplatissent les révolutions? Et, pour conclure, comment ne pas comprendre, sans effort, qu'étant donnée la loi de l'innée disproportion des intelligences, en leur diversité d'aptitudes, le prétendu règne d'une Justice purement humaine ne saurait être jamais que la tyrannie du Médiocre, s'autorisant, gaiement, de quoi? du *nombre!* pour imposer l'abaissement à ceux dont le génie, constituant, seul, l'entité même de l'Esprit-Humain, a, seul, de droit *divin,* qualité pour en déterminer et diriger les légitimes tendances!

— Mais, sans daigner juger la mode actuelle des idées septentrionales, le noble songeur et la belle songeuse, détournant les yeux, autant qu'ils le pouvaient, de l'énigmatique performance terrestre, résumaient toujours leurs méditations en cet ensemble de pensées :

— *Qu'importe à la Foi réelle le vain scandale*

de ces poignées d'ombres, demain disparues pour faire place à d'équivalents fantômes?

Qu'importe qu'elles détiennent aujourd'hui, comme hier, comme demain, l'écorce matérielle d'un Pouvoir dont l'essence leur est inaccessible? Nul ne peut posséder d'une chose que ce qu'il en éprouve. Si cette chose est belle, noble, — enfin, divine d'origine, et qu'il soit, lui, d'essence vile, — c'est-à-dire d'une prudence d'instincts nécessairement abaissante, — la beauté, la noblesse, la divinité de cette chose, s'évanouissant immédiatement au seul contact du violateur, il n'en possédera que son intentionnelle profanation, — bref, il n'y retrouvera, comme en toutes choses, que la vilainie même de son être, que l'écœurante, éclairée et bestiale médiocrité de son être : rien de plus. — Donc il n'y a pas lieu de s'en irriter.

Tels, s'attristant, peut-être, quelque peu, de ces fatalités de leur époque, — mais sans oublier qu'il fut des siècle pires, — et se recueillant, chaque jour, en ces visions que l'Art le plus élevé sait offrir aux cœurs chastes et solitaires, ces deux promis de l'Espérance, au défi des années, s'attendaient.

Cette disparité de nature entre eux et la plupart des dignes vivants de nos régions, ils ne l'avaient pas constatée au début de la vie. Non. Ces êtres d'*au-delà* s'étaient refusés longtemps à se rendre — même aux évidences les plus affreuses, ou, les considérant comme passagères, les avaient pardonnées avec une indulgence jamais lassée. Les regards encore éblouis de reflets antérieurs à leurs yeux charnels, comment eussent-ils démêlé, à première vue, de quel enfer foncier se constitue la banalité sociale! C'est pourquoi leur sensibilité crédule, toute imbue d'angéliques larmes, fut incessamment surprise, alors, et partagea mille mensongères — ou si médiocres « douleurs », que celles-ci étaient indignes d'un tel nom. Longtemps il suffit, autour d'eux, de *sembler* dans une affliction pour que ces cœurs inextinguibles devinssent réchauffants, — et prodigues! et consolateurs!... Ah! se dévouer, s'oublier! quelle joie d'anges penchés sur ceux que l'on abandonne! Q'importe si, le plus souvent, ceux-ci ne daignent se souvenir des « anges » que pour en critiquer, toujours un peu tard, l'humiliante irréalité!

Ainsi rayonna leur charité, ce passe-temps divin des justes, — même sur ces assoiffés d'amusements dont le propre est de témoigner une sorte de rabique aversion au seul ressentir, même obscur, de toutes approches d'âmes souveraines, tant l'idée seule que celles-ci puissent encore exister leur semble insupportable, fatigante et révoltante. Oui, tous deux eurent la bienveillance de toujours se tenir éloignés de ce genre de personnes, pour leur épargner l'ennui de cette sensation toute naturelle.

Mademoiselle de Luçanges et le duc de la Villethéars subirent donc, chacun de leur côté, cette existence, jusqu'au jour mortel où, tous deux, presque en même temps, s'aperçurent que les suffocantes bouffées -- émanant des lourds ébats de cette Médiocrité universelle — avaient répandu la contagion jusque sur leurs proches, leurs frères, leurs « égaux, » — la plupart de leurs princes et de leurs prêtres!...

Alors un froissement terrible d'âme les glaça, leur causa cette sorte de lassitude sévère qu'un Dieu-martyr seul peut surmonter devant le reniement de son diciple. Humiliés de se sentir quand même solidaires de cet envahissement si près d'eux monté, une tentation d'inespérance les prit, troubla leurs cœurs sacrés et peu s'en fallut qu'elle n'assombrît même, au plus secret de leurs croyances, jusqu'au sentiment de Dieu.

Elle ni lui n'étaient, en effet, du nombre de ces esprits-créateurs, trempés de manière à tenir tête fût-ce au scandale de toute l'Humanité et dont le fulgurant souffle d'infini refoulerait les plus rugissantes rafales : ce n'étaient que deux exquises intelligences, merveilleusement douées, — que cette qualité d'épreuve fit fléchir, comme deux fleurs sous la pluie.

Ils ne se plaignirent pas. — Seulement, ce devinrent, bientôt, deux âmes en deuil, désenchantées même du sacrifice et dont aucune fête ne pouvait augmenter ou diminuer le royal ennui amer.

Maintenant ils n'ont plus soif que d'exils. — « Plaindre? Comment juger! Que sert, d'ailleurs? Instants perdus. »

Un besoin d'adieux les étouffe, et voilà tout. Ils pensent avoir gagné le droit d'oublier. A peine s'ils daignent voiler parfois, sous la pâleur d'un sourire, leur indifférence morose. Devenus d'une clairvoyance inconsolable, ils portent en eux leur solitude. Ne pouvant plus se laisser décevoir, entre eux et la foule sociale la misérable comédie est terminée.

Aussi, dès l'instant conjugal où le Destin les a mis en présence, ils se sont reconnus, d'un regard, et se sont aimés, sans paroles, de cet irrésistible amour, trésor de la vie. — Oh! s'exiler en quelque nuptiale demeure, pour sauver du désastre de leurs jours au moins un automne, une délicieuse échappée de bonheur aux teintes adorablement fanées, une mélancolique embellie! — Jaloux de leur secret, sûrs de leurs pensées, ils se sont écrit. Dispositions prises, ils partent, ils disparaissent, — devant se retrouver, non dans un de leurs lourds châteaux, où des visiteurs, encore... — mais en cette retraite bien inconnue qu'ils ont choisie et noblement ornée, au goût de leurs âmes, pour y cacher leur saison de paradis.

La maison du Bonheur domine une falaise, làbas, au nord de France, puisqu'enfin c'est la patrie ! Elle est enclose des murs verdoyants d'un grand jardin, formé d'une pelouse, tout en fleurs, au centre de laquelle, entre des saules et de grises statues, retombe, en un bassin de marbre, l'élancée fusée de neige d'un jet d'eau.

Deux latérales allées de très hauts arbres obscurs se prolongent solitairement. La solennité, le silence de cette habitation sont doux et inquiétants comme le crépuscule. Là, c'est un tel isolement des choses ! — Un rayon de l'Occident, sur les fenêtres — empourprées tout à coup — de la blanche façade, — la chute d'une feuille qui, de la voûte d'une allée, tombe, en tournoyant, sur le sable, — ou quelque refrain de pêcheur, au loin, — ou telle fuite plus rapide des nuages de mer, — ou la senteur, soudain plus subtile, d'une touffe de roses mouillées qu'effleure un oiseau perdu, — mille autres incidences, ailleurs imperceptibles, semblent, ici, comme des avertissements tout à fait *étranges* de la brièveté des jours.

Et, lorsqu'ils en sont témoins, en leurs promenades, les deux exilés! alors qu'une causerie heureuse unit leurs esprits sous le charme d'un mutuel abandon, voici qu'ils tressaillent, ils ne savent pourquoi! Pensifs, ils s'arrêtent : le ton joyeux de leurs paroles s'est dissipé!... Qu'ont-ils donc entendu? Seuls, ils le savent. Ils se pressent, l'un à l'autre, la main, comme troublés d'une sensation mortelle! Et le visage de la bien-aimée s'appuie, languissamment, sur l'épaule de son ami! Deux larmes tremblent entre ses cils, et roulent sur ses joues pâlissantes.

Et, quand le soir bleuit les cieux, un serviteur taciturne, ancien dans l'une de leurs familles, vient allumer les lampes dans la maison.

— Mais la bien-aimée, — les femmes sont ainsi, — se plaît à s'attarder, par les fleurs, sur la pelouse, au baiser de quelque corolle déjà presque endormie. Puis, ils rentrent ensemble.

— Oh! ce parfum d'ébène, de fleurs mortes et d'ambre faible, qu'exhale, dès le vestibule, la douce demeure! Ils se sont complu à l'embellir, jusqu'à l'avoir rendue un véritable reflet de leurs rêves!

Auprès des tentures qui en séparent les pièces, des marbres aux pures lignes blanches, des peintures de forêts, et, suspendus aux tapisseries anciennes des murailles, des pastels, dont les visages sont pareils à des amies défuntes et inconnues. Sur les consoles, des cristaux aux tons de pierres précieuses, des verreries de Venise aussi, aux couleurs éteintes. Çà et là, cloués en des étoffes d'Orient, luisent, en éclairs livides, incrustés d'un très vieil or, des trophées d'armes surannées. — Dans les angles, de grands arbustes des Iles. Là, le piano d'ébène, dont les cordes ne résonnent, comme les pensées, que sous des harmonies belles et divines; puis, sur des étagères, ou laissés ouverts sur la soie mauve des coussins, des livres aux pages savantes et berceuses, qu'ils relisent ensemble et dont les ailes invitent leurs esprits vers d'autres mondes.

Et, comme nul ne possède, en effet, que ce qu'il éprouve, et qu'ils le savent, — et que ce sont deux chercheurs d'impressions inoubliables, il vivent là des soirées dont le charme oppresse leurs âmes d'une sensation intime et pénétrante de leur propre éternité. Souvent, en regardant l'ombre des objets sur les tentures séculaires, ils détournent les yeux, sans cause intelligible. Et les sculptures sombres, à l'entour de quelque grand miroir, — dont l'eau bleuâtre reflète le scintillement, tout à coup, d'un astre, à travers les vitres, — et l'inquiétude du vent, froissant, au dehors, dans l'obscurité, les feuilles du jardin, — et les solennelles, les indéfinissables anxiétés qu'éveille en eux, lorsque l'heure sonne distincte et sonore, le mystère de la nuit, — tout leur parle, autour d'eux, cette langue immémoriale du vieux songe de la vie, qu'ils entendent sans peine, grâce à leur recueillement sacré. Tels, ne laissant point la dignité de leurs êtres se distraire de cette pensée qu'ils habitent ce qui n'a ni commencement ni fin, ils savent grandir, de toute la beauté de l'Occulte et du Surnaturel, — dont ils acceptent le sentiment, — l'intensité de leur amour.

Ainsi, prolongeant les heures, délicieusement, en causeries exquises et profondes, en étreintes où leurs corps ne seront plus que celui d'un Ange, en suggestives lectures, en chants mystérieux, en joies délicieuses, ils puiseront de toujours nouvelles sensations de plus en plus vibrantes, extra-mortelles ! en cette solitude — qu'un si petit nombre de leurs « semblables » se soucierait de jalouser. Incarnant, enfin, toute la poésie de leurs intelligences dans sa plus haute réalisation, leurs aurores, et leurs jours — et leurs soirs, et leurs nuits seront des évocations de merveilles. Leurs cœurs, passionnés d'idéal autant que d'éperdus désirs, s'épanouiront comme deux mystiques roses d'Idumée, satisfaites d'embaumer les hauteurs natales à quelque vague distance même, hélas ! des Jérusalem, — en Terre-Sainte, pourtant.

De même que, libres, ils ont distribué, simplement et de la manière la plus discrète, la presque totalité de leurs vastes et austères fortunes à de ces deshérités — qu'en véritables originaux ils se sont donné la peine de chercher avec un choix patient, — de même, hostiles à toutes emphases, ils n'ont éprouvé nullement, le besoin de se « jurer » qu'ils ne se survivraient pas l'un à l'autre. Non. — Seulement, ils savent très bien à quoi s'en tenir là-dessus.

Au parfait dédain de tout ce qui les a déçus, loin du désenchantement brillant de leur monde d'autrefois, ils ont jeté, d'un regard, à leur ex-entourage, oublié déjà, l'adieu glacé, suprême, claustral, que la mélancolie de leur joie grave ne regrettera jamais. Ils sont ceux qui ne s'intéressent plus. Ayant compris, *une fois pour toutes*, de quelle atroce tristesse est fait le rire moderne, de quelles chétives fictions se repaît la sagesse purement *terre à terre*, de quels bruissements de hochets se puérilisent les oreilles des triviales multitudes, de quel ennui désespéré se constitue la frivole vanité du mensonge mondain, ils ont, pour ainsi dire, fait vœu de se contenter de leur bonheur solitaire.

Oui, ces augustes êtres (exceptionnels!), s'estimant avoir gagné la paix, sauront conserver inviolable la magie de leur isolement. Persuadés, non sans d'inébranlables motifs, que l'unique raison d'être, (en laquelle cherchent, fatalement, à réaliser leurs *semblances*), de ceux-là qui, errants et froids, ne peuvent être heureux, consiste à troubler, d'instinct, s'il leur est possible, le bonheur de ceux-là qui savent être heureux, ces divins amants, pour sauvegarder la simplicité de leur automnale tendresse, se sont résolus à l'égoïsme d'un seuil strictement ignoré, strictement fermé. — Inhospitaliers, plutôt, jamais ils ne profaneront le rayonnement intérieur de leur logis, ni les présences, — qui sait! — des familiers Esprits émus de leur souverain amour, en admettant « chez eux », ne fût-ce que par quelque hasardeux soir d'ouragan, tel banal, voire illustre, étranger. Ils ne risqueront, sous aucun prétexte du Destin, le calme de leur indicible, — à jamais imprécis — et, par conséquent, immuable ravissement. Plus sages que leurs aïeux de l'Eden, ils n'essayeront jamais *de savoir pourquoi* ils sont heureux, n'ayant pas oublié ce que coûtent ces sortes de tentatives. Au reste, ne désirant d'autrui que cette indifférence dont ils espèrent s'être rendus dignes, il se trouve qu'un assentiment inconscient du monde la leur accorde volontiers.

Bref, sous leur toit d'élection, ayant, paraît-il, mérité d'en-haut ce privilège, devenu si rare, de pouvoir se ressaisir *quand même* dans l'Immortel, ces deux élus, — magnifiques, bien qu'un peu pâles, — sauront défendre attentivement, — c'est-à-dire en connaissance de cause, — contre toute atteintes « sociales », leur tardive félicité.

LES AMANTS DE TOLÈDE

A MONSIEUR ÉMILE PIERRE

LES AMANTS DE TOLÈDE

> « Il eût donc été juste que Dieu condam-
> nât l'Homme au Bonheur ?
> *Une des réponses de la Théologie romaine
> à l'objection contre la Tache-originelle.*

Une aube orientale rougissait les granitiques sculptures, au fronton de l'Official, à Tolède — et, entre toutes, le *Chien-qui-porte-une-torche-enflammée-dans-sa-gueule,* armoiries du Saint-Office.

Deux figuiers épais ombrageaient le portail de bronze : au delà du seuil, de quadri-latérales marches de pierre exsurgeaient des entrailles du palais, — enchevêtrement de profondeurs calculées sur de subtiles déviations du sens de la montée et de la descente. — Ces spirales se perdaient, les unes dans les salles de conseil, les cellules des inquisiteurs, la chapelle secrète, les cent soixante-deux cachots, le verger même et le dortoir des familiers ; — les autres, en de longs corridors, froids et interminables, vers divers retraits... — des réfectoires, la bibliothèque.

En l'une de ces chambres, — dont le riche ameublement, les tentures cordouanes, les arbustes, les vitraux ensoleillés, les tableaux, tranchaient sur la nudité des autres séjours, — se tenait debout, cette aurore-là, les pieds nus sur des sandales, au centre de la rosace d'un tapis byzantin, les mains jointes, les vastes yeux fixes, un maigre vieillard, de taille géante, vêtu de la simarre blanche à croix rouge, le long manteau noir aux épaules, la barrette noire sur le crâne, le chapelet de fer à la ceinture. Il paraissait avoir passé quatre-vingts ans. Blafard, brisé de macérations, saignant, sans doute, sous le cilice invisible qu'il ne quittait jamais, il considérait une alcôve où se trouvait, drapé et festonné de guirlandes, un lit opulent et moelleux. Cet homme avait nom Tomas de Torquemada.

Autour de lui, dans l'immense palais, un effrayant silence tombait des voûtes, silence formé des mille souffles sonores de l'air que les pierres ne cessent de glacer.

Soudain le Grand-Inquisiteur d'Espagne tira l'anneau d'un timbre que l'on n'entendit pas sonner. Un monstrueux bloc de granit, avec sa tenture, tourna dans l'épaisse muraille. Trois familiers, cagoules baissées, apparurent — sautant hors d'un étroit escalier creusé dans la nuit, — et le bloc se referma. Ceci dura deux secondes, un éclair! Mais ces deux secondes avaient suffi pour qu'une lueur rouge, réfractée par quelque souterraine salle, éclairât la chambre! et qu'une terrible, une confuse rafale de cris si déchirants, si aigus, si affreux, — qu'on ne pouvait distinguer ni pressentir l'âge ou le sexe des voix qui les hurlaient, — passât dans l'entrebâillement de cette porte, comme une lointaine bouffée d'enfer.

Puis, le morne silence, les souffles froids, et, dans les corridors, les angles de soleil sur les dalles solitaires qu'à peine heurtait, par intervalles, le claquement d'une sandale d'inquisiteur.

Torquemada prononça quelques mots à voix basse.

L'un des familiers sortit, et, peu d'instants après, entrèrent, devant lui, deux beaux adolescents, presque enfants encore, un jeune homme et une jeune fille, — dix-huit ans, seize ans, sans doute. La distinction de leurs visages, de leurs personnes, attestait une haute race, et leurs habits — de la plus noble élégance, éteinte et somptueuse — indiquaient le rang élevé qu'occupaient leurs maisons. L'on eût dit le couple de Vérone transporté à Tolède : Roméo et Juliette !... Avec leur sourire d'innocence étonnée, — et un peu roses de se trouver ensemble, déjà, — tous deux regardaient le saint vieillard.

— « Doux et chers enfants », dit, en leur imposant les mains, Tomas de Torquemada, — « vous vous aimiez depuis près d'une année (ce qui est longtemps à votre âge), et d'un amour si chaste, si profond, que tremblants, l'un devant l'autre, et les yeux baissés à l'église, vous n'osiez vous le dire. C'est pourquoi, le sachant, je vous ai fait venir ce matin, pour vous unir en mariage, ce qui est accompli. Vos sages et puissantes familles sont prévenues que vous êtes deux époux et le palais où vous êtes attendus est préparé pour le festin de vos noces. Vous y serez bientôt, et vous irez vivre, à votre rang, entourés plus tard, sans doute, de beaux enfants, fleur de la chrétienté.

« Ah ! vous faites bien de vous aimer, jeunes cœurs d'élection ! Moi aussi, je connais l'amour, ses effusions, ses pleurs, ses anxiétés, ses tremblements célestes ! C'est d'amour que mon cœur se consume, car l'amour, c'est la loi de la vie ! c'est le sceau de la sainteté. Si donc j'ai pris sur moi de vous unir, c'est afin que l'essence même de l'amour, qui est le bon Dieu seul, ne fût pas troublée, en vous, par les trop charnelles convoitises, par les concupiscences, hélas ! que de trop longs retards dans la légitime possession l'un de l'autre entre les fiancés peuvent allumer en leurs sens. Vos prières allaient en devenir distraites ! La fixité de vos songeries allait obscurcir votre pureté natale ! Vous êtes deux anges qui, pour se souvenir de ce qui est ʀᴇ́ᴇʟ en votre amour, aviez soif, déjà, de l'apaiser, de l'émousser, d'en épuiser les délices !

Ainsi soit-il ! — Vous êtes ici dans la Chambre du Bonheur : vous y passerez seulement vos premières heures conjugales, puis me bénissant, je l'espère, de vous avoir ainsi rendus à vous-mêmes, c'est-à-dire à Dieu, vous retournerez, dis-je, vivre de la vie des humains, au rang que Dieu vous assigna. »

Sur un coup d'œil du Grand-Inquisiteur, les familiers, rapidement, dévêtirent le couple charmant, dont la stupeur — un peu ravie — n'opposait aucune résistance. Les ayant placés vis-à-vis l'un de l'autre, comme deux juvéniles statues, ils les enveloppèrent très vite l'un contre l'autre de larges rubans de cuir parfumé qu'ils serrèrent doucement, puis les transportèrent, étendus, appliqués cœur auprès du cœur et lèvres sur lèvres, — bien assujettis ainsi, — sur la couche nuptiale, en cette étreinte qu'immobilisaient subtilement leurs entraves. L'instant d'après, ils étaient laissés seuls, à leur intense joie — qui ne tarda pas à dominer leur trouble — et si grandes furent alors les délices qu'ils goûtèrent, qu'entre d'éperdus baisers ils se disaient tout bas :

— Oh ! si cela pouvait durer l'éternité !...

Mais rien ici-bas, n'est éternel, — et leur douce étreinte, hélas ! *ne dura que quarante-huit heures.*

Alors des familiers entrèrent, ouvrirent toutes larges les fenêtres sur l'air pur des jardins : les liens des deux amants furent enlevés, — un bain, qui leur était indispensable, les ranima, chacun dans une cellule voisine. — Une fois rhabillés, comme ils chancelaient, livides, muets, graves et les yeux hagards, Torquemada parut et l'austère vieillard, en leur donnant une suprême accolade, leur dit à l'oreille :

— Maintenant, mes enfants, que vous avez passé par la dure épreuve du Bonheur, je vous rends à la vie et à votre amour, car je crois que vos prières au bon Dieu seront désormais moins distraites que par le passé.

Une escorte les reconduisit donc à leur palais tout en fête : on les attendait ; ce furent des rumeurs de joie !...

Seulement, pendant le festin de noces, tous les nobles convives remarquèrent, non sans étonnement, entre les deux époux, une sorte de gêne guindée, d'assez brèves paroles, des regards qui se détournaient, et de froids sourires.

Ils vécurent, presque séparés, dans leurs appartements personnels et moururent sans postérité, — car, s'il faut tout dire, ils ne s'embrassèrent jamais plus — de peur... DE PEUR QUE CELA NE RECOMMENÇAT !

LE SADISME ANGLAIS

A MONSIEUR JORIS KARL HUYSMANS

LE SADISME ANGLAIS

> Maxima debetur puero reverentia.
> SENTENCES SCOLAIRES

Diverses correspondances de l'étranger, publiées récemment dans les journaux parisiens, donnent à entendre que les enfants vendus en Angleterre pour y subir toutes flétrissures finissent, de rebuts en rebuts, par se perdre en des spirales d'infamie et de misère si sombres que l'œil ne saurait se résoudre à les y suivre.

Or, si l'on en croit des bruits qui circulent à Londres, il paraîtrait que tel n'est MÊME pas le sort de plusieurs de ces pauvres petits êtres et que, sous peu de temps (si des influences marquantes n'étouffent pas un tardif cri de justice), certains rapports inattendus menacent d'éclairer d'une lueur d'horreur toute nouvelle l'ensemble des faits acquis à la vérité déjà par les cinq attestations du Comité supérieur d'enquête. Peut-être allons-nous apprendre, cette fois, jusqu'à quel degré d'atrocité compassée peuvent se porter, dénaturés par les excès, non seulement un grand nombre d'hystériques vieillards, mais une partie de la jeunesse actuelle d'outre-Manche.

La *Pall Mall Gazette* se réserve, sans doute, après de très secrètes recherches, les révélations PRÉCISES dont nous ne pouvons encore prendre l'initiative. Nous nous décidons cependant à publier aujourd'hui — afin de laisser simplement *pressentir* au public l'esprit de ces révélations plus ou moins prochaines — *un certain entretien que nous eûmes, vers la fin du printemps de cette année même* (c'est-à-dire quelques semaines *avant* le bruit provoqué par les scandales de Londres) *avec deux jeunes et célèbres littérateurs anglais, alors qu'un soir, aux Champs-Élysées, nous eûmes l'agrément de les rencontrer.*

Les nommer serait une inconvenance qu'il ne

faudrait pas trop nous défier, toutefois, de commettre.

La coïncidence, entre ce qu'ils nous déclarèrent ce soir-là, sur le ton de causerie le plus naturel du monde, avec les récits, avérés aujourd'hui, de la *Pall Mall Gazette,* nous fait un devoir de porter à la connaissance du lecteur le tout spécial excédent d'affirmations inquiétantes qu'ils émirent en cette conversation.

Comme l'un et l'autre se répandaient en doléances bizarres sur la « frivolité » des vices de notre décadence :

— Oh ! répondis-je, on sait que les étrangers ont coutume d'affecter, en France, une austérité de mœurs qui leur permet de traiter Paris de Babylone, de Gomorrhe et de Capoue, en profitant, tout bas, de cette même licence qu'ils condamnent si haut.

— C'est la *qualité* de votre libertinage que dédaignent quelques étrangers ! répliqua l'un de ces gentlemen ; et ce n'est que par curiosité qu'un Anglais sérieux effleure, en passant, vos *trop futiles plaisirs*. Les nôtres, chez nous, sont, vraiment, d'un confort supérieur. — Tenez :

Et, à grands traits, ils se mirent l'un après l'autre à nous esquisser cette organisation, si connue aujourd'hui, de la *Traite des vierges :* cette exportation, *par jour*, d'une moyenne de trente à cinquante enfants de huit à treize ans, cette mise en coupe réglée de toute virginité, de toute pudeur humaine. Ils s'étendirent en savantes variations sur le viol et sur les moyens dont on se sert, là-bas, pour l'accomplir commodément, soit en certaines demeures de Londres, soit en certains vieux châteaux anglais perdus dans les brumes. Chambres matelassées, oubliettes perfectionnées, anesthésiques et voitures de sûreté défilèrent sur leurs langues avec une verve sinistre qui eût confondu Ann Radcliffe. C'était par milliers et par milliers qu'ils évoquaient les victimes de l'hypocrite lubricité de leurs compatriotes, et, chose étrange! *ce n'était que cette hypocrisie* qui paraissait les indigner.

— Bah! répondis-je, un peu surpris, — voilà bien les poètes! Ces abus se passent à Londres comme à Pétersbourg, à New-York, à Vienne, ici même, et dans toutes les grandes villes. C'est le droit du seigneur, demeurant toujours le même et se monnayant, à présent, en droit du patron sur « ses petites ouvrières », du propriétaire sur ses bonnes, du passant sur les affamées. C'est le Progrès. La faim, l'isolement, les mauvais traitements de la famille, la paresse, le pavé, les guenilles, l'exemple, l'idée d'un bien-être, d'une sorte d'âcre vengeance sont partout des moyens qui dispensent les libertins d'employer la force.

Ceci est éternel, et les chiffres fournis par les statistiques européennes sont tels qu'il sera difficile d'y remédier de longtemps. Paris, je vous assure, n'a que faire de *chambres matelassées* et personne, même, ne trouve nécessaire de prier un orgue de Barbarie de jouer sous les fenêtres, comme dans *Fualdès,* pendant l'instant psychologique, attendu que les Parisiennes ne jettent pas les hauts cris pour si peu. Elles s'en vont, leur salaire en poche, en chantonnant *Il bacio,* les *Cerises* ou *Tant pis pour elle!* et tout est dit. — Je ne vois donc pas pourquoi vous reprochez à Paris les facilités qu'il offre, au contraire, à vos assouvissements.

L'un de mes interlocuteurs, avec un sourire pâle et fatigué, secoua la tête :

— A Paris, les jeunes filles, les enfants *ne crient pas*, dites-vous ?... Eh ! c'est là, justement, ce que plusieurs connaisseurs, et nous, entre autres, nous leur reprochons !... Voilà bien les Français avec leurs sens d'oiseaux ! Pour quelques innocentes privautés, quelques jeux d'enfants, quelques faveurs banales, les voilà se croyant des princes de la Débauche ! En vérité, nous sommes plus... sérieux.

— Ah ? répondis-je.

Après un moment de silence :

— Au fond, — continua tranquillement celui des deux promeneurs qui venait de parler, — pour connaître et comprendre les préférences passionnelles d'un peuple, la *nature,* enfin, des sens dont son organisme, en général, est pénétré, je dis qu'il n'est pas inutile de méditer, d'approfondir les impressions dominantes que laissent dans l'esprit, à cet égard, les œuvres de son *exprimeur* favori, de son Poète national. Ce que « chante », en effet, celui-ci, les autres l'accomplissent — ou rêvent de l'accomplir.

Voyons : en France, vous avez votre Victor Hugo, par exemple, dont les œuvres crèvent de santé, de morale convenue et de solennelles vieilleries : tous le lisent. Donc, la dominante des préférences sensuelles de la majorité des Français est exprimée en ses ouvrages, et la *simplicité*, toute primitive, de vos joies libertines en fait foi.

Nous... c'est autre chose. Notre poète vraiment national est Algernon Charles Swinburne, dont le génie ou le talent sont également hors ligne : les éditions de ses œuvres se succèdent et s'épuisent, tous les ans, par vingt et trente mille volumes. Il est, on peut le dire, sous tous les yeux, en Angleterre. Donc, la dominante de ce qu'il exprime, en ses rêves sensuels, correspond le mieux à celle des sens de la majorité des Anglais.

Mon raisonnement, croyez-le bien, est fort

solide; et pour vous mieux laisser comprendre de quelle nature peuvent être, entre les voluptés défendues, celles que nous rêvons et préférons, — de quel genre sont les sens, enfin, de la majeure partie des tempéraments anglais, — je ne vois rien de mieux que de vous citer — en les prenant, *au hasard*, dans son œuvre (et entre cent mille, tous de la même nature d'impression) — que de vous citer, dis-je, tels ou tels passages d'entre les poèmes de Swinburne. Vous comprendrez, *alors*, à l'instant même, *ce que nous regrettons de ne point trouver à Paris.*

Voici donc un fragment pris, au hasard, encore une fois, de l'un de ses derniers poèmes, *Anactoria*. Celle qui parle est une jeune fille amoureuse; elle s'adresse à son amie, autre jeune fille de la même île.

Et mon interlocuteur me récita, d'une voix féline et caressante, le passage suivant, du grand poète anglais.

Traduction littérale :

« Je voudrais que mon amour te tuât :

rassasiée de ta vie j'aspire à ta mort. Oh! trouver des moyens douloureux pour te tuer! des moyens intenses, des superflus de douleurs! te torturer amoureusement, laisser souffrir ta vie vacillante sur tes lèvres, extraire ton âme en des tortures trop douces pour tuer!

« Oh! que ne puis-je, mêlée à ton sang et fondue en toi, mourir de ta peine et de mon plaisir! Ne te châtierais-je pas d'une agonie raffinée? Ne saurais-je pas te faire souffrir dans la perfection, affecter de torturer tes pores sensibles, faire étinceler tes yeux de pleurs de sang et d'un éclat d'angoisse! frapper la douleur de la douleur comme on frappe la note de la note, saisir le médium du sanglot dans ta gorge, prendre tes membres vivants et en repétrir une lyre d'innombrables et impeccables agonies! Ne saurais-je pas te repaître de fièvre, de famine, de soif, convulser de spasmes de torture parfaits ta bouche parfaite, faire frissonner en toi la vie, l'y faire brûler à nouveau et arracher ton âme même à travers ta chair!

« Cruelle, dis-tu? Mais l'amour rend ceux

qui l'aiment aussi savants que le Ciel et plus cruels que l'Enfer ! Et moi, l'amour m'a rendue plus cruelle à ton égard que la mort à l'égard de l'homme. Fussé-je celui qui a créé toutes choses pour les détruire une à une, et si mes pas foulaient les étoiles et le soleil et les âmes des hommes comme ses pas les ont toujours foulées, Dieu sait que je pourrais être plus cruelle que Dieu.

« — Ah ! plût aux dieux que mes lèvres, inharmonieuses, ne fussent que des lèvres collées aux charmes meurtris de ta blanche poitrine flagellée ! qu'au lieu d'être nourries du lait céleste, elles le fussent du doux sang de tes douces petites blessures ! Que ne puis-je les sentir avec ma langue, ces blessures ! et goûter, depuis ton sein jusqu'à ta ceinture, leurs faibles gouttelettes ! Que ne puis-je boire tes veines comme du vin et manger tes seins comme du miel !... Que ta chair n'est-elle ensevelie dans ma chair ! »

— Ainsi, conclut-il, l'énorme, l'immense succès

de ces vers dans toutes les classes de la société anglaise prouve — comprenez-le, de grâce! — que ces images sont les PRÉFÉRÉES de nos sens, de notre imagination, de notre tempérament national : en d'autres termes, c'est ainsi que nous... aimons, que nous comprenons principalement les *plaisirs* de l'amour, et par conséquent c'est ainsi que nous les RÉALISONS, quand notre fortune nous le permet.

— Hein? m'écriai-je.

— Mais, sans doute! acheva paisiblement le jeune gentleman : pourquoi pas? Ces milliers d'enfants et de toutes jeunes filles enlevés, achetés et exportés chez nous, servent, je vous l'atteste, à nous procurer le genre de délices voluptueuses dont parle notre poète national ; nous épuisons, parfois, sur leurs personnes, la série des plus douloureux raffinements, faisant succéder aux tortures des tortures plus subtiles. Et si la mort survient, nous savons faire disparaître ces restes inconnus.

L'enivrant spectacle de leurs souffrances et de leur beauté nous procure des ravissements qui vous sont lettre close, et, lorsqu'on les a goûtés une fois, on ne se soucie plus de ces autres transports qui vous sont suffisants.

Si vous croyez que je plaisante, rapprochez, en esprit, de tous les vœux exprimés dans les vers nationaux de Swinburne, ces précautions que je viens de vous spécifier, ces *chambres matelassées* des châteaux perdus et des maisons un peu sombres de l'Angleterre (de celles où l'on ne pénètre pas sans de longs détours) et vous concevrez sans effort que ce n'est point, comme à Paris, pour étouffer des marivaudages, des enfantillages, des viols et des minauderies, que quelques-uns de nos vieux et blasés industriels ont fait ces frais de tapissiers. Ils mettent leur Swinburne en action, car ils sont pratiques et ils partagent de tout point l'avis du poète Carlyle, qui déclare « préférer désormais au poème *écrit* le poème *agi* ».

— Le fait est, répondis-je après un moment de stupéfaction, — le fait est que vos compatriotes ne pourraient se procurer que bien difficilement à Paris et en France des joies de cet acabit : notre décadence en ferait bien vite une question de cour d'assises, et je ne trouve pas, s'il faut tout dire, qu'il y ait lieu de nous blâmer de notre infériorité à cet égard. D'ailleurs, l'Angleterre n'a pas le monopole de ce genre — d'amour. Aux yeux de quiconque a voyagé sur notre planète, ayant quelques notions d'Histoire ancienne, ces sortes d'excès sont de tradition à l'ordre du jour chez bien des peuples. En Perse, dans l'Inde, en Turquie d'Asie, en Russie, dans tout l'Orient et de nombreux parages de l'Amérique, ces tristes horreurs sont banales, sont dans les mœurs, au point que tel civilisé qui s'en choquerait *ne se ferait même pas comprendre*. Elles sont DANS LA NATURE HUMAINE, paraît-il, et, même ici, bon nombre de moralistes qui jetteraient, à ce sujet, feu et flammes *laisseraient percer*, à leur insu, dans leur style, *on ne sait quelle jalousie de n'en avoir point tâté eux-mêmes quelque peu, faute de ressources suffisantes*. Regrets qui formeraient le plus clair de leur indignation contre vos richards.

Mais une réflexion console de ces turpitudes

maladives et révoltantes : c'est qu'au dire de la Science, qui le prouve, elles réussissent assez mal aux tempéraments de ceux qui s'y adonnent. Vos bons vieux millionnaires qui, pour quelques livres, s'offrent ainsi des plaisirs de césars, de radjahs et de sultans, se réveillent vite paralysés, épileptiques, ataxiques ou gâteux. Les griffes de la méningite les guettent et ils finissent, pour la plupart, à quatre pattes. Laissez-moi penser qu'ils sont en fort petit nombre et que chez vous comme ici, les gens riches se contentent de séduire les enfants sans les martyriser.

— Croyez-le... si cela vous est agréable, répliqua l'autre gentleman : mais ces voluptés ne nous semblent pas aussi révoltantes qu'elles vous le paraissent et je maintiens que Paris est en retard sur ce point. La seule chose qui m'irrite chez les miens, à Londres, ce que je voudrais démasquer si j'en avais le loisir, c'est seulement, je vous le répète, la puritaine hypocrisie de ceux qui, là-bas, hurlent des *shoking !* pour un beau vers païen, puis s'en vont, à la sourdine, apaiser, en de très sombres et très étouffées retraites, leurs passions renouvelées de votre maréchal de Retz. Oui, ce n'est que leur manque de franchise qui me semble *shoking!* à moi; mes vers sont là pour le prouver. Bref, et pour conclure, ce que nous condamnons, ce n'est pas précisément le fond, mais la forme.

— Ah! par exemple, vous êtes surprenants ici, messieurs! m'écriai-je. Ne voyez-vous pas que toute sincérité mettrait ces monstres hors d'état de parvenir à leurs fins et que, par suite, leur hypocrisie est *obligatoire?* Ne voudriez-vous point qu'ils prissent leurs salaces ébats *coram populo?*... Il m'est doux de penser qu'alors ils seraient assommés comme des chiens peu dignes de ce nom.

— Tiens, c'est assez juste, en effet! me fut-il répondu.

— Messieurs, si réellement de tels cas d'hystérie odieuse se produisent, chez vous, avec la fréquence que vous dites, j'incline à déclarer qu'il faut les signaler à la vindicte des gens tolérables de l'Europe, et qu'alors la loi — si noblement présentée, pour la protection de l'enfance, par lord Salisbury — passera au Parlement, avec toute la rigueur des châtiments dont elle peut être sanctionnée.

Mes interlocuteurs se mirent à rire.

— Aucune loi ne changerait grand'chose au marché de chair humaine en question : celles qui se vendent *ne savent pas ce qui les attend, ceux qu'on enlève ou que l'on achète l'ignorent également.* Nos entremetteurs sont nombreux et rusés, les matrones sont fines... la loi serait tournée par mille précautions...

— Laissez donc ! répondis-je tranquillement ; on allègue ces choses-là par insouciance, la *veille :* mais le *lendemain* l'on s'aperçoit d'un changement... sensible.

Certes, rien n'est absolu sur la terre et les faux monnayeurs biaisent aussi, mais beaucoup moins, en vérité, qu'ils ne le feraient sans la loi qui les condamne, ferme, à perpétuité. Tenez! je vous affirme, moi, qu'un bon millier de caresses, distribuées par votre *chat à neuf queues* sur les reins de deux à trois cents des exécrables tourmenteurs d'enfants dont vous parlez, — accompagnés, pour leurs subalternes, de quelque dix années de *labor pedestris* (vous savez ?) — dégoûteraient du métier bien vite les bourreaux des deux sexes qui vivent impunément, en Angleterre, de cette abjecte industrie — et que bon nombre de vos compatriotes hésiteraient, à l'avenir, à se choisir cette carrière. — J'ajouterai qu'à leur exception personne ne s'en porterait plus mal : au contraire.

Sur quoi, nous nous séparâmes.

Jusqu'à présent, j'avais traité, en mon for intérieur, d'exagérations ces confidences étranges ; mais depuis le retentissement des *scandales de Londres*, renforcé des bruits récents touchant les atrocités occultes que la lubricité, s'affolant elle-même, exerce, paraît-il, en Angleterre, sur tant d'innocents et d'innocentes, j'avoue qu'en me rappelant cette courte causerie d'il y a six mois, je suis devenu un peu pensif.

LA LÉGENDE MODERNE

A MONSIEUR CHARLES LAMOUREUX

LA LÉGENDE MODERNE

> Va devant toi ! Et, si la terre que tu cherches n'est pas créée encore, Dieu fera jaillir pour toi des mondes du néant, afin de justifier ton audace.
>
> *Paroles d'Isabelle la Catholique
> à Christophe Colomb.*

C'était un soir d'hiver, voici de cela quelque trente années. Un étranger de passage, un jeune artiste, — affamé, comme de raison, — sans ressources, abandonné « même de son chien », se trouvait perdu, dans Paris, en un taudis glacé de la rue Saint-Roch.

L'inexorable détresse harcelait, depuis de longs mois, ce bohème inconnu — jusqu'à le contraindre de prodiguer, par pluie ou verglas, à raison de deux francs l'heure, de réconfortantes leçons de solfège, la plupart du temps non payées. Il en était parvenu, même, à commettre, en vue de trois écus possibles, des « ouvertures ou préludes » pour folies-vaudevilles, que des impresarii de banlieue laissaient parfois grincer à leurs doubles quatuors devant des tréteaux quelconques. Le reste du temps, il goûtait la joie de s'entendre gratifier du titre de FOL par les passants éclairés qui l'approchaient : — d'aucuns, même, poussaient la condescendance jusqu'à lui donner du « ma *vieille* » et du « mon *petit!* » long comme le bras : ceux-là, c'étaient des gens équilibrés, c'est-à-dire doués de cette stérilité de bon goût qui, rehaussée d'une indurée suffisance, caractérise les personnes un peu trop exclusivement raisonnables.

Donc, cet attristé, que tant d'oisifs eussent déclaré mûr pour le suicide, était assis, ce soir-là, devant certain notable commerçant — qui, jambes croisées en face de lui, l'observait, avec une pitié sincère, aux lueurs d'une morne chandelle, en lui souriant d'un air familier.

Cet interlocuteur de hasard n'était autre (la destinée offre de ces contrastes) que l'un de nos Épiciers les plus en vue, — le plus sympathique, le plus éminent peut-être, — celui, enfin, dont le nom seul fait battre, aujourd'hui, d'une émulation légitime, tant de cœurs, en France. L'excellent homme avait, en effet, supplié longtemps son « ami » d'accepter (oh! sans phrases!) ces quelques menus liards qui, une fois reçus, confèrent — de l'assentiment de nous tous — au bon prêteur le droit d'en user sans façon avec celui qu'il ne rêvait d'obliger qu'à cette fin. Il s'agissait, pour le trop libéral millionnaire, en cette aventure, de cinquante-quatre beaux francs, avancés, sans garantie, en cinq fois, de peur de gaspillage artistique. Aussi, regardait-il désormais en camarade son débiteur, lequel, depuis lors, était devenu, aux yeux du Bienfaiteur, simplement un « drôle de corps! », pour me servir d'une heureuse expression bourgeoise.

Soudain, voici que, relevant la tête, l'Inconnu, fixant sur son « ami » de calmes prunelles, se prit à lui notifier, avec le plus grand sang-froid, les absurdités suivantes :

— O cinq fois sensible et serviable ami, qui

suis-je, hélas! pour mériter ainsi, de ton cœur, l'évidente sympathie dont tu me combles? Un musicien! un crin-crin! le dernier des vivants! l'opprobre de la race humaine. Eh bien, en retour, laisse-moi t'offrir une franche confidence. Si tu daignes distraitement l'écouter, le sens de ce que je vais t'annoncer t'échappera fort probablement; — car nul n'entend, ici-bas, que ce qu'il peut RECONNAITRE, — et comme, en tant qu'intelligence, tu es un désert où le son même du tonnerre s'éteindrait dans la stérilité de l'espace, j'ai lieu de redouter, pour toi, du temps perdu. N'importe, je parlerai.

— Quels ingrats, tous ces artistes!... murmura, comme à part soi, le sévère industriel.

— Voici donc, ce nonobstant, reprit l'Ingrat, ce que je me propose d'accomplir d'ici peu d'années, — étant de ceux qui vivent jusqu'à l'Heure Divine...

(Ces deux derniers mots firent tressaillir, malgré lui, le négociant hors ligne : une vive inquiétude — hélas! elle ne devait point tarder à s'accroître — se peignit dans le coup d'œil méfiant dont il enveloppa, dès lors, son croque-notes favori.)

— Tu n'es pas sans ignorer, n'est-ce pas? continua l'Étranger, que des hommes ont paru, DANS MA PARTIE, qui s'appelaient Orphée, Tyrtée, Gluck, Beethoven, Weber, Sébastien Bach, Mozart, Pergolèse, Palestrina, Rossini, Hændel, Berlioz, — d'autres encore. Ces hommes, figure-toi, sont les révélateurs de la mystérieuse Harmonie à l'espèce humaine, qui, sans eux, privée même du million de vils singes dont la lucrative parodie les démarqua, en serait encore au gloussement. — Eh bien, mon « âme », à moi (ne te scandalise pas trop, cher frère, de cette expression démodée), mon « âme », disons-nous, rationnel camarade, est toute vibrante d'accents d'une magie NOUVELLE, — pressentie, seulement, par ces hommes, — et dont il se trouve que, seul, je puis proférer les musicales merveilles.

C'est pourquoi, tôt ou tard, l'Humanité fera pour moi — que l'on traite, à cette heure, d'insensé — ce qu'elle n'a jamais fait, en vérité, pour aucun de ces précurseurs.

Oui, les plus grands, les plus augustes, les plus puissants de notre race, — en plein siècle de lumières, pour me servir de ta suggestive expression, mon éternel ami, — seront fiers de réaliser, d'après mon désir, le rêve que je forme et que voici... (Efforce-toi, s'il se peut, de ne pas mettre le comble à tes libéralités en me prodiguant encore celle de ton inattention, et ton Ingrat va, selon son devoir, te distraire... presque pour ton argent. Je dis *presque,* attendu, je le sais, que ma vie même, sacrifiée pour la moindre de tes fantaisies, ne saurait m'acquitter, à *tes* yeux, de tous tes bienfaits.)

L'heure viendra, d'abord, où les rois, les empereurs victorieux de l'Occident, les princes et les ducs militaires, oublieront, au fort de leurs victoires, les vieux chants de guerre de leurs pays, pour ne célébrer ces mêmes victoires immenses et terribles (et ceci dans le cri fulgural de toutes les fanfares de leurs armées!...) QU'AVEC LES CRINCRINS DE MON INSANITÉ !... Toutes ces musiques n'exécuteront pas d'autres chants de gloire que mes ÉLUCUBRATIONS, à l'heure du triomphe! Ce premier « succès » obtenu, je prierai, quelques années après, ces princes, rois, ducs et vieux empereurs tout-puissants, de vouloir bien se déranger pour venir écouter l'une de mes plus *nébuleuses* PRODUCTIONS. Ils n'hésiteront pas à délaisser les soucis politiques du monde, à des heures solennelles, pour accourir, et au jour fixé, à mon rendez-vous. Et je les tasserai, par quarante degrés de chaleur, autour du parterre d'un Théâtre que j'aurai fait construire à ma guise, aussi bien à leurs frais qu'à ceux de mes amis et ennemis. Ces compassés exterminateurs écouteront, au dédain de toutes autres préoccupations, avec recueillement, pendant des trentaines d'heures, — quoi?... MA MUSIQUE. — Pour solder les constructeurs de l'édifice, je manderai des confins de la terre, du Japon et de l'Orient, de toutes les Russies et des deux Amériques, divers milliers d'auditeurs, — amis, ennemis, qu'importe! — Ils accourront, également, quittant, sans regrets, familles, foyers, patries, intérêts financiers — (FI-NAN-CIERS! entends-tu, digne, ineffable ami?), — bravant naufrages, dangers et distances, enfin, pour entendre aussi, pendant des centaines d'heures consécutives, au prix de quatre ou cinq cents francs leur stalle, — quoi ?... MA MU-SIQUE.

Mon Théâtre, exclusif, s'élèvera, en Europe, sur quelque montagne dominant telle cité que mon caprice, tout en l'enrichissant à jamais, immortalisera ! — Là, disons-nous, mes invités arriveront, au bruit des canons, des tambours furieux, aux triomphales sonneries des clairons, aux bondissements des cloches, aux flottements radieux des longues bannières. Et, à pied, en essuyant la sueur de leurs fronts, pêle-mêle, avec lesdites Altesses et Majestés, tous graviront fraternellement ma montagne.

Alors, comme j'aurai lieu de redouter que la furie de leur enthousiasme — qui sera sans exemple dans les fastes de notre espèce — ne nuise à l'intensité de l'impression qu'avant tout doit laisser MA MU-SIQUE, je pousserai l'impudence jusqu'à DÉFENDRE D'APPLAUDIR.

Et tous, par déférence pour CETTE musique, ne laisseront éclater qu'à la fin de l'Œuvre toute la plénitude de leur exaltation. — Bon nombre d'entre eux accepteront même d'être, au milieu de ma patrie, les représentants d'une nation vaincue par la mienne et saignante encore, et, au nom de l'Esprit humain, sourds aux toasts environnants portés contre leur pays, auront la magnanimité de m'acclamer! Les plus parfaits chanteurs, les plus grands exécutants, — si intéressés d'habitude, et pour cause, — oublieront, cette fois, tous engagements, lucres, *feux* et bénéfices, pour le seul honneur d'exprimer, gratuitement, quoi? — MA MU-SIQUE.

Et, chaque année, je recommencerai le miracle de cette fête étrange, qui se perpétuera même après ma mort comme une sorte de religieux pèlerinage. Et, chaque fois, après des centaines d'heures passées à mon théâtre, chacun s'en retournera dans son pays, l'âme agrandie et fortifiée par la seule audition de quoi?... de MA MU-SIQUE! Et, tous, au moment des adieux, ne projetteront QUE DE REVENIR L'ANNÉE SUIVANTE.

Et le plus mystérieux, c'est que, devant ces

faits accomplis, personne, parmi les tiens, *ne trouvera rien d'extraordinaire à tout cela.*

Et enfin, lorsque ceux-là mêmes qui, de par le monde entier, haïront, de naissance, MA MUSIQUE, seront acculés jusqu'à se voir contraints de l'applaudir *quand même,* à peine de passer pour de simples niais malfaisants, c'est-à-dire d'être *reconnus,* je te dis et jure que MA MUSIQUE résistera même à leur fictive et déshonorante admiration : et qu'alors leur secrète rage, affolée, finira par élever *cette* musique à la hauteur d'un CAS DE GUERRE !! Car *il faut* que certains peuples ne puissent l'entendre.

Oui, mon cher consolateur, voilà le rêve que je réaliserai sous peu d'années, quand la seule exploitation de mon œuvre intellectuelle nourrira, *physiquement,* sur le globe, des milliers et des milliers d'individus.

Et, pour te dédommager d'avoir eu la complaisance d'en écouter — vainement, d'ailleurs — le prophétique projet, je vais te signer, sur-le-champ, pour peu que tu le souhaites, une excellente stalle que tu revendras cher, l'heure venue.

A ces incohérentes paroles, le trop sensible Industriel, qui avait écouté, jusque-là, bouche bée, se leva silencieusement, les yeux pleins de larmes. Car est-il rien de plus triste, même au regard froid du trafiquant, que le spectacle d'une intelligence « amie » sombrant dans la démence? Le généreux Mécène souffrait sincèrement — et c'est à peine si le sentiment de cette indiscutable suprématie qu'exercera toujours, espérons-le, le Sens commun riche sur la Pensée pauvre, calmait un peu, tout au fond de son être, l'amertume de sa consternation. Entre deux hoquets douloureux donc, il supplia son bohème de se mettre au lit. Voyant que sa suggestion n'était accueillie que par un doux sourire, il bondit, selon son devoir, hors de la chambre (le cœur gros) et courut, à toutes jambes, requérir divers médecins aliénistes pour fourrer à Bicêtre, le soir même, vu l'urgence, son malheureux protégé.

Lorsqu'il reparut deux heures après, suivi de trois docteurs qu'accompagnaient des gardiens munis de cordes — (car, on doit le constater à sa louange, quand il s'agit de rendre ces sortes de services aux intelligences artistiques à force de misère troublées, le Bourgeois sait se dévouer, — outre mesure, même; — et ne regarde alors ni à son temps ni à la dépense!) — lorsque, disons-nous, le noble cœur revint avec son escorte, le désolant fol avait disparu.

Des policiers, mal informés sans nul doute — (nous ne mentionnons leur témoignage que pour mémoire) — ont prétendu, au cours de l'enquête, que l'exalté s'était dirigé, tranquillement, — quelques instants après la fugue de son « ami », — vers la gare de Strasbourg et qu'il avait pris, sans trop se faire remarquer, le train de 9 h. 40 pour l'Allemagne.

Depuis, naturellement, on n'a plus entendu parler de lui.

Aujourd'hui, son Bienfaiteur parisien (qui, le suivant semestre, reçut un mandat de *deux* cents francs d'un débiteur anonyme) se demande

encore, parfois, non sans un soupir et un attristé sourire, en quel cabanon d'aliénés les « gens sérieux » de là-bas ont dû renfermer, dès l'arrivée, son pauvre monomane « qui, souvent, l'avait *amusé*, après tout! — et dont il a oublié le nom ».
— Il ne regrette pas, ajoute-t-il même, de l'avoir nourri, non plus que la bagatelle... peuh! d'un ou de... deux milliers de francs? — peut-être?.. dont il l'obligea de la main à la main.

— « Baste! Article profits et pertes! » conclut-il avec cette insouciance enjouée qui décèle, malgré lui, la trop spontanée libéralité de sa nature et lui concilie, chaque jour, à bon droit, tant de sympathies congénères.

LE
NAVIGATEUR SAUVAGE

A MONSIEUR ÉMILE BERGERAT

LE
NAVIGATEUR SAUVAGE

> L (latitude) égale H (hauteur), moins δ (première différenciation), cosinus P (pôle), moins $\frac{δ^2}{2}$, sinus carré de P (pôle), tangente H (hauteur).
>
> *Formule des peuples civilisés, à l'aide de laquelle, — étant donnés une étoile et un sextant, — chacun peut préciser sur une carte le point exact du globe où il se trouve.*

Au sud-est de la Terre de Feu, l'on a relevé, ces temps derniers, en plein océan, la présence d'une île très éloignée de toutes autres et qui, jusqu'à nos jours, avait échappé aux lunettes, cependant exercées, des navigateurs.

En cette île, depuis des siècles, florissait une race de Nègres volontairement médiocres et qui, pour sauvegarder à tout jamais ce précieux don de la nature, avait adopté cette loi fondamentale — (qu'un de leurs plus sages monarques avait jadis édictée) — de « serrer, dès la naissance, entre des ais, le crâne de leurs enfants, afin de les empêcher de pouvoir jamais songer à des choses TROP élevées ».

L'opération leur était devenue aussi familière que l'est, pour nous, celle de couper le sifflet ; — et, stérilisant quelques rudimentaires notions de lecture purement phonétique et d'écriture presque indistincte, une douce animalité progressait en leur exemplaire peuplade.

Par quel mystérieux décret du Sort, Tomolo Ké ké, le noir orphelin, l'exception confirmant la règle, avait-il été dédaigné de la loi commune jusqu'à posséder un crâne indignement naturel ?... On ne sait. Toujours est-il que, parvenu à l'âge viril et à force de s'isoler de ses « semblables » en promenades taciturnes sous les baobabs, il avait fini par se persuader, à tort ou à raison, de cette idée originale *que la terre ne devait pas finir à son île.*

Fortement travaillé par cette conception bizarre, voici qu'une circonstance fortuite —

comme il en arrive toujours à ces sortes de gens — vint servir ses ambitieux projets.

Au centre d'une crique sauvage, un singulier remous ayant attiré son attention, l'inventif insulaire trouva le moyen d'en explorer les profondeurs et découvrit bientôt que ce remous provenait, tout bonnement, de deux éperdus courants sous-marins, dont l'un des foyers d'ellipse (leur point de rencontre) était cette crique même !.. Une grosse branche, toute ronde, jetée dans le courant qui s'enfuyait, disparut comme l'éclair pour un inconnu voyage ! Trois jours après, Tomolo Ké Ké (qui en épiait, avec anxiété, le retour par l'autre courant) fut assez heureux pour le constater et la recueillir. Elle n'était pas sensiblement endommagée : le courant, longeant les sinuosités des écueils, l'avait gouvernée mieux qu'un pilote, et ce fut avec une grande joie que l'observateur constata, sur l'un des bouts, la présence, incrustée, de sédiments terreux dont elle était dénuée au départ... Houh! ses pressentiments ne l'avaient pas trompé !

En moins d'un semestre, une épaisse pirogue,

aux extrémités coniques, en cœur de manglier, pouvant se clore hermétiquement (grâce à un enduit graisseux qui, sitôt fermée, en imperméabilisait les rentrants), fut construite dans le silence de sa hutte solitaire par l'étonnant Ké Ké. Ses expériences réitérées lui apprirent bientôt qu'à égalité de force inverse dans les courants, sa grosse branche mettait environ trente-six heures à toucher l'autre foyer de l'ellipse ; et, par des calculs hypergéniaux (ces sauvages n'en font jamais d'autres!), il avait trouvé le poids exact de lest qu'il fallait à sa pirogue — (celle-ci étant remplie de sa personne et de deux seconds de son poids) — pour se maintenir, sans monter ni enfoncer, dans la ligne sous-marine du courant. Tomolo Ké Ké donc, grâce à l'éloquence des hommes à idée fixe, persuada bientôt deux des crânes les moins triangulaires de ses compatriotes de l'accompagner en son voyage de découverte; ceux-ci, transportés par sa faconde, acceptèrent, non sans une danse d'enthousiasme.

Étant donné l'insensibilisant breuvage, aussi

connu de certaines tribus indigènes qu'il l'est, par exemple, des Yoghis de l'Inde, — breuvage grâce auquel, selon la dose, on peut demeurer en léthargie, sans manger ni respirer, durant le temps que l'on veut, — les trois aventuriers en absorberaient chacun pour trente-cinq heures. Le premier réveillé couperait, d'un coup de tomahawk, la tresse qui, nouée à l'intérieur de la pirogue, retiendrait le lest; il enfoncerait le bouchon en feuilles de caoutchouc dans l'ouverture, et l'on remonterait, en trois secondes, à la surface de la mer où, le couvercle étant soulevé d'une énergique poussée, l'on respirerait d'abord, et l'on découvrirait ensuite la terre nouvelle. Cela fait, et après un séjour plus ou moins prolongé chez les sympathiques peuplades de ces parages, les trois nautoniers, à l'aide de la seconde dose emportée à leurs ceintures, réintégreraient la pirogue, la réimmergeraient en plein courant de retour — et, une fois revenus en leur île natale, raconteraient les choses dans une assemblée solennelle présidée par le roi.

Comme on le voit, c'était excessivement simple.

Un beau matin donc, les noirs aventuriers, ayant ingurgité le nécessaire, s'étendirent dans leur embarcation, et, dès les premiers symptômes léthargiques, ayant rabattu le couvercle, se laissèrent, d'une commune secousse, rouler dans le courant — qui les emporta comme une flèche.

Trente-cinq heures après, sur les sept heures et demie du soir, Tomolo Ké Ké, s'étant réveillé le premier, grâce à sa nature nerveuse, trancha l'amarre du lest, et, en quelques secondes, l'insubmersible pirogue s'épanouissait à découvert, sur les flots, au lever de constellations ignorées de ce trio d'explorateurs. Tout un rivage étrange, et, autour d'eux, d'énormes monstruosités qui se balançaient sur la mer, et mille et une merveilles inconcevables apparurent soudain aux yeux, agrandis par la stupeur, des trois naturels, et en immobilisèrent les fronts couronnés de hautes plumes versicolores. Ce qu'ils entrevoyaient, aucune parole ne pourrait le traduire. Toutefois, avec le calme qui sied aux chefs d'expéditions mémorables, Tomolo Ké Ké, leur ayant bien indiqué le point présumable, — certain, même, à son estime, — du courant de retour, et laissant la pirogue (cachée entre deux rocs au-dessus de ce courant), à la garde de ses deux seconds, — s'aventura, seul et intrépide, au milieu des enchantements du rivage.

Tomolo Ké Ké venait de découvrir la Cannebière.

Comme, rêvant déjà de la coloniser, il en prenait naturellement possession, avec une mimique sacramentelle, au nom du roi de son île, une demi-douzaine de matelots, s'échappant, avec des hurlements sauvages, d'un cabaret d'alentour, — sous les ombrages duquel ils venaient de prendre leur repas du soir en fêtant la dive bouteille, — l'aperçurent, et, le prenant pour le Diable, se ruèrent sur lui. L'infortuné navigateur, ayant voulu se défendre, fut assommé sur place par ces superstitieux mathurins, sous les regards perçants et terrifiés de ses deux séides.

Ceux-ci, en promenant autour d'eux des prunelles effarées, remarquèrent, sur le sable, auprès d'eux, un long et vieux cordage abandonné. S'en saisir, y lier un morceau de roche — d'un tiers moins gros que celui du précédent lest — fut, pour eux, l'affaire d'une demi-minute.

Ayant transporté la pirogue sur le bord avancé des rocs, au-dessus du courant sauveur indiqué par le défunt, ils avalèrent, à la hâte, l'autre moitié de leur fameux topique, se coulèrent dans la pirogue, rabattirent sur eux le couvercle hermétique et, d'un vigoureux balancement intérieur, s'envoyèrent en plongeon dans la mer, entraînant la corde et son lest central.

Trente-cinq heures après, l'embarcation heurtant, à coups redoublés, les roches de leur île, réveilla les dormeurs en sursaut : la pirogue s'étant brisée, ils prirent un bain peut-être involontaire, mais revivifiant, et remontèrent chez leurs semblables — où, les larmes aux yeux et troublés à jamais de ce qu'ils avaient entrevu là-bas — ils narrèrent l'aventure.

Cette fois, le roi décréta la peine de mort contre tout père de famille qui oublierait, à l'avenir, de « cônifier le crâne de ses enfants ».

En sorte que — quand (il y a déjà plusieurs années) le capitaine Coupdevent des Bois, ayant découvert cette île, s'aventura, suivi d'une forte escorte, au milieu de cette peuplade polie en sa médiocrité sagace, il aperçut, en la capitale de cette île, au centre même de la grande place des Huttes, une sorte de monument grossier, construit en bois et en pierres, et bariolé d'une inscription.

Lorsque l'interprète put enfin se faire comprendre, l'état-major et même les marins de l'équipage (auxquels fut contée l'histoire) tombèrent, durant quelques instants, dans un étonnement rêveur, en apprenant que l'inscription signifiait : *A la mémoire de Tomolo Ké Ké, massacré par les sauvages.*

AUX CHRÉTIENS LES LIONS!

A MONSIEUR TEODOR DE WYZEWA

AUX CHRÉTIENS LES LIONS!

> « Sache tenir ton âme devant le
> seigneur-à-grosse-tête. »
> PROVERBE ARABE.

Je veux m'acquitter, sans délai ni transition, — et comme, seul, je m'imagine capable de le faire, — d'un mandat des plus urgents dont je n'ai pas cru devoir décliner la responsabilité.

En qualité d'interprète nommé d'office par un comité de personnes sensibles, je viens saisir la Société protectrice des animaux d'une plainte formée entre mes mains par quelques lions.

On se souvient que, l'an dernier, durant nombre de soirs, dans Paris, sur la scène des Folies-Pastorales, — l'une des plus littéraires, d'ailleurs, de la métropole, — devant un public dont la juste susceptibilité pourrait s'éveiller si je le qualifiais d'élite, un personnage en veston de velours noir, savoir le docteur T***, faisait brusquement irruption, une tringle ardente au poing droit, à l'intérieur d'une cage fréquentée par un quatuor de lions des deux sexes.

Là, mû par les soifs combinées de l'or et de la gloire, il s'ingéniait à toucher, malignement, de cette pointe en ignition, les endroits les plus sensibles de ces nobles animaux, agrémentant même la séance d'une demi-douzaine de coups de revolver qu'il leur déchargeait, entre temps, dans les fosses nasales.

En un mot, rien d'Orphée, — bien que l'orchestre, en son inconsciente ironie, s'évertuât, durant le cours de la performance, à massacrer, à toute volée, dans son antre, la marche du *Songe d'une nuit d'été.*

Éperdus, les fauves bondissaient autour de l'importun, de la conduite duquel ils ne pouvaient s'expliquer les mobiles.

Maintenus dans un espace restreint par une grille à l'épreuve, les augustes quadrupèdes s'agitaient en vain. Et, préservé par la profonde surprise de ses hôtes, notre héros les torturait alors tout à son aise, aux applaudissements d'un hémicycle de gens distraits, — de femmes qui semblaient préoccupées.

Toutefois, un certain jour de Vénus (oui, si fidèle est ma mémoire), l'une des lionnes, Nina la Taciturne, indignée et n'en pouvant supporter davantage, crut devoir, d'une patte sévère, avertir l'élégant gêneur de l'imminence du moment psychologique. Simple remarque, — dont l'effet immédiat fut de rendre impotent le belluaire, au moins pour quelques soirées.

Celui-ci donc se « retira », sur-le-champ, dans la gloire d'une ovation que, si l'on veut bien l'espérer, la lionne dut prendre pour elle.

Dès lors, les fauves jouirent de quelque répit. Ce fut un jubilé dans la cage. Les tringles refroidirent. Une trêve de Dieu sembla tacitement conclue.

La police, dit-on, s'entremit même, *dans l'intérêt du dompteur,* et suspendit toute reprise publique des hostilités.

Ce nonobstant, voici qu'aujourd'hui l'on nous

mande (et triples mailloches aux poings!) que, par une innovation géniale ou tout comme, le bien-avisé directeur du théâtre de la Porte-Saint-M*** se propose d'intercaler, — en sa reprise (vraiment inespérée!) d'une féerie, *la Biche aux abois*, — quoi? je vous le donne en mille!... — quatre lions!

— C'est une idée, cela?... N'est-ce pas! — Au théâtre, une idée s'appelle un *clou*.

Donc, au nom de la liberté des théâtres, tel hasardeux entrepreneur d'une scène, hier sortable, de Paris, va, disons-nous, contraindre, à nouveau, le triste cheptel de ses habitués, de ruminer encore cette *immortelle* féerie, en la pimentant, sans vergogne, de cette tragique pincée de braves lions, — à la femelle du moindre desquels le plus téméraire des spectateurs n'oserait certes pas tendre la main, crainte d'un refus.

Un moment :

1° Sont-ce les mêmes lions? Les lions élevés au fer rouge?

2° D'après diverses confidences, j'inclinerais à le penser.

3° L'illicébrant bestiaire compte-t-il procéder avec les mêmes caresses ?

4° Et quand ce ne serait pas les mêmes lions, qu'importe alors !

Dans la seule hypothèse d'une torture quelconque, et ne sachant jusqu'à quel point le *veto* de M. le Préfet de police pourrait suffire (corroborant même les avis antérieurs de sa judicature), je viens, tout bonnement, moi, passant obscur, placer les susdits lions sous l'égide, plus efficace encore, de la Loi ; — dont ils sont, d'ailleurs, l'emblème (surtout en cage).

Plaise à M. le président de la Société protectrice des animaux de vouloir bien prendre en commisération les rugissements légitimes de Nina la Taciturne, de Djemmy la Cruelle, d'Octave le Superbe et d'Aly le Débonnaire, lions en rupture de forêts, actuellement détenus dans une cage oblongue, auprès du calorifère du théâtre de la Porte-Saint-M*** !...

Et voici mes motifs :

Qu'un Claude Bernard exerce ses rigueurs (la science l'exigeant) sur des mammifères domestiques ou féroces (et, même, les rende préalablement aphones — pour que leurs cris, arrachés par les recherches expérimentales, ne troublent pas, aux alentours, le paisible sommeil des citadins), c'est là, sans doute, une criminelle nécessité; toutefois, elle peut exciper d'une vague excuse. Un intérêt majeur primant ici toute pitié, n'est-il pas vrai? s'élever contre serait pur enfantillage.

Mais qu'une barbarie compassée, et que ne justifie aucun but humanitaire, soit mise en œuvre, chaque soir, contre d'innocents lions coupables seulement de captivité, c'est là, ce nous semble, un fait qui, dans une ville d'exemple où prédominent enfin des idées libérales, ne saurait être toléré désormais.

Exterminer des lions par douzaines, comme le faisait naguère le pauvre Gérard, quoi de mieux? de plus licite? — C'est un passe-temps que l'on doit même encourager. Mais les capturer pour rénover à leur égard les plus ingénieuses traditions de l'ancienne jurisprudence, à seule fin de distraire une cohue d'assez méphitiques spectateurs, je dis que c'est un acte digne de répression pénale.

Les enfants que l'on va traîner à cette féerie doivent-ils, pour toute morale, y puiser l'exemple de torturer, pour vivre, les derniers lions?

Et ces lions, après tout, n'est-il pas sot de payer pour encourir leur mépris légitime?

Oh! qu'ils puissent désormais, en leurs songeries de prisonniers surpris par traîtrise, se rappeler en paix les hautes herbées et les larges feuilles des grands arbres renversés qui, jadis, voilaient, au profond d'une gorge de l'Afrique du Nord, l'entrée de leur caverne établie au milieu des ruines de thermes romains! Là, le soir, les deux pattes de devant sur quelque fût de colonne, ils regardaient fixement le lever d'une étoile, en humant, à travers la brise, — et se fouettant les flancs, — les émanations des excellents taureaux parqués dans les *goums* lointains! Qu'ils puissent rêver, disons-nous, à leurs belles nuits d'Orient, sans être troublés, en ces inoffensives réminiscences, par l'intempestive application d'une gaule de fer rouge sur l'extrémité de la queue!

Est-ce donc pour accompagner de tels abus que Mendelssohn écrivit le *Songe d'une nuit d'été?*

La torture est abolie en France pour les hommes : ne l'appliquons pas aux lions.

Par ces motifs :

Après réflexion mûre (et, surtout, vu l'occasion solennelle d'hier, 4 septembre!) je requiers, de monsieur le président, leur pure et simple mise en liberté.

L'AGRÉMENT INATTENDU

A MONSIEUR STÉPHANE MALLARMÉ

L'AGRÉMENT INATTENDU

« Je dirai : j'étais là ; telle chose m'advint ;
Vous y croirez être vous-même ! »
    La Fontaine : les *Deux pigeons*.

Sur cette route méridionale aux poudroiements embrasés, sous le pesant soleil des canicules, je marchais, en complet blanc, sous un vaste chapeau de paille, ayant à l'épaule ce bâton du touriste auquel se nouait un petit sac de linge. Depuis trois heures de fatigue, pas une hôtellerie, pas un voyageur, pas une silhouette humaine. Tourmenté par la soif, pas une source, sous les bouquets de lentisques courts et secs des fossés vicinaux — et la plus prochaine ville, où je comptais m'arrêter un couple de jours, se trouvait distante de plus de quatre heures encore ! — Au moment donc où j'allais, en vérité, concevoir quelque inquiétude sur l'heureuse issue de mon étape, voici qu'au coude sinueux du grand chemin, j'entrevis, à quelque cent mètres, une maison blanche, isolée, aux contrevents fermés : une touffe de houx, appendue en travers au-dessus de la porte, m'indiquait une auberge.

A l'aspect de cette oasis, je pressai le pas ; vite, j'arrivai ; je montai les deux pierres du seuil et fis jouer le loquet. J'entrai ; la porte se referma seule, derrière moi.

Ébloui par les miroitements de la route, je ne distinguai rien, tout d'abord, dans la demi-obscurité ; mais j'éprouvai, d'autour de moi, la sensation d'une fraîcheur délicieuse que parfumaient des senteurs d'herbes odoriférantes.

Après deux ou trois clins de paupières, je me reconnus en une vaste salle, où m'apparurent des tables désertes, avec leurs bancs. A droite, et bien au fond, dans l'angle, assis à une manière de comptoir, l'hôtelier, face farouche, au poil roux, — l'encolure d'un taureau, — me regardait. Je jetai mon bâton sur une table, posai mon chapeau sur le paquet, puis m'assis et m'accoudai, me tamponnant le front de mon mouchoir.

— De votre vieux cru et de l'eau fraîche ! demandai-je.

Et je me remis à songer, en considérant d'assez beaux lauriers-roses, plantés en de gros vases peinturlurés, aux encoignures des fenêtres.

— Voici ! me dit bientôt l'hôtelier en venant placer auprès de moi la bouteille, la carafe et le verre.

Comme je buvais :

— Monsieur est artiste ? murmura-t-il en m'examinant et d'une voix qu'il essayait en vain d'adoucir.

J'inclinai vaguement la tête pour lui complaire et briser là ; mais il reprit :

— Et, sans doute, alors, monsieur voyage dans le Midi... pour voir les curiosités ?

Nouveau mouvement de tête affirmatif, de ma part, mais, cette fois, en envisageant mon homme.

— Ah ?... dit-il. — Eh bien ! je puis vous en

montrer une, de curiosité, moi, monsieur, si vous voulez... et pas loin d'ici ! Et qui vaut la peine d'être vue ! Quant au salaire, ce que monsieur voudra.

Je l'avoue, j'étais pris par mon faible.

— Une curiosité ?... Soit : voyons ! lui dis-je.

En un bond de plantigrade, et d'un air sournois, il s'en alla donner un tour de clef à la porte, s'en fut à son comptoir allumer une lanterne sourde, puis, taciturne, revint à moi, sa lueur à la main, me regardant. — Soudain il se baissa brusquement, saisit, presque sous mes pieds, l'anneau d'une trappe de cave, souleva la planche et, m'indiquant de terreuses marches apparues :

— Descendons ! décréta-t-il : c'est là-dessous : ne me demandez pas ce que c'est, monsieur ! c'est une surprise.

Comme on le pense bien, je ne me le fis pas dire deux fois. — Une « curiosité » !... Chose trop rare, en vérité, pour se refuser à la rencontrer — peut-être !... Et puis, *là-dessous ?...* — Que diable pouvait-il y avoir ?

L'AGRÉMENT INATTENDU.

La tentation, l'on en conviendra, n'était pas banale. Je me levai donc, très intrigué.

Une brève observation de mon guide me fit comprendre que je devais descendre le premier, — la lumière placée, à bout de bras, au-dessus et en avant de ma tête, éclairerait, par ainsi, beaucoup mieux la descente, — « qui ne présentait, d'ailleurs, aucune difficulté », ajouta-t-il.

Silencieusement, nous nous enfonçâmes donc sous terre, lui m'éclairant, de la sorte, à travers d'interminables tournantes marches, moi, tâtant des deux mains les parois des murs. A la quarante-deuxième marche, comme j'allais demander combien il en restait encore à descendre avant la « surprise », une forte main s'abattit sur mon épaule. En même temps s'allongeait le bras tenant la lanterne au-devant de mon front, et j'entendis mon guide me dire, à l'oreille, en un murmure assez analogue au rauquement d'un ours :

— Hein ?... Regardez-moi ça, m'sieur ?

O subit panorama, tenant du rêve ! Je voyais

se prolonger, — presque à perte de vue, — au-devant de moi, de très hautes voûtes souterraines, aux stalactites scintillantes, aux profondeurs qui renvoyaient, avec mille réfractions de diamants, en des jeux merveilleux, les lueurs, devenues d'or, de la lanterne sourde : et, s'étendant à mes pieds, sous ces voûtes, une sorte de lac immense d'un bleu très sombre, où ces mêmes lueurs tremblaient, illusions d'étoiles ! — une eau claire, polie, dormante, à reflets d'acier, où se réfléchissaient, démesurées, nos deux ombres. C'était superbe et inattendu.

Je demeurai comme charmé, durant près d'une demi-minute, à contempler ce féerique spectacle... Me sentant bien asséché de la route, j'éprouvai, malgré moi, — je l'avoue, — une attirance vers le ténébreux enchantement de cette onde ! Sans mot dire, je me dévêtis, posai mes vêtements à côté de moi, presque au niveau de l'étang, et, ma foi, — m'y aventurant à corps perdu, — j'y pris un bain délicieux, — éclairé par la complaisance de l'hôtelier, qui me considérait d'un air de stupeur soucieuse, concentrée même... car, vraiment, à présent que j'y songe, il avait des expressions de figure incompréhensibles, ce brave homme.

Une fois rhabillé, nous remontâmes tranquillement. Je le précédais encore. La pente des degrés étant assez rude, je dus faire halte plusieurs fois, — ne tarissant pas en louanges enthousiastes sur cette « curiosité. »

De retour dans la salle, je lui remis une pièce de cinq francs; et, après un bon merci, un bon frappement de ma main sur son épaule, — accompagné d'un coup d'œil appuyé... mais, là, ce qui s'appelle dans le blanc des yeux, — je courus me réchauffer, derechef, au soleil brûlant de la route. Et, pour conclure, j'accomplis mon étape d'un pied raffermi et joyeux, l'agrément imprévu de ce bain m'ayant inespérément pénétré de nouvelles forces.

UNE
ENTREVUE A SOLESMES

———

A M. LE DOCTEUR ALBERT ROBIN.

UNE ENTREVUE A SOLESMES

> « J'ai combattu le bon combat. »
> Saint Paul.

Il y a quelques années, je dus me rendre, en vue de recherches archéologiques, à l'abbaye des bénédictins de Solesmes.

Donc, par un jour d'automne, — au reçu d'une lettre d'introduction près de l'illustre Abbé de ce cloître, dom Guéranger, — je quittai Paris. Le lendemain matin, j'étais à Sablé, d'où l'abbaye n'est distante que d'une heure de marche.

Je descendis, pour mettre ordre à ma toilette, en cet hôtel de la grand'place dont l'enseigne étonnante me fit rêver : *Hôtel de Notre-Dame et du Commerce*.

Puis, comme il faisait beau soleil, je me mis

en route, mon sac de voyage à la main, pour le monastère, — où j'arrivai midi sonnant.

L'un des frères du portail s'offrit pour remettre à l'Abbé dom Guéranger la lettre qui me présentait à lui. J'entrai sous les arceaux; j'y rencontrai d'autres pèlerins. Je pris rang, sur l'invitation de l'un des Pères. C'était l'heure du déjeuner. L'on traversa les cloîtres.

L'Abbé de Solesmes se tenait debout, une aiguière et un plateau à la main, au seuil du réfectoire. A ses côtés, le prieur, dom Couturier, et l'économe, dom Fontanes, debout aussi, me considéraient, les bras croisés en leurs longues manches noires.

Dom Guéranger me versa de l'eau sur les doigts, en signe d'hospitalité: l'un des frères me tendit une serviette; je m'essuyai. L'on me montra la table des hôtes, située au milieu de la salle — et entourée de celle des religieux — un peu au-dessous de l'estrade où l'Abbé, le prieur et l'économe, seuls, prenaient leurs repas.

Après une prière pour les morts et un *Pater noster* (dont les deux premiers mots seulement furent prononcés, chacun le devant achever en soi-même), l'on prit place. L'un des Pères monta dans une chaire élevée auprès d'une fenêtre, ouvrit un tome des Bollandistes et se mit à lire, à haute voix, l'existence de sainte Lidwine.

Le repas des bénédictins était plus qu'austère. Un plat de légumes, du pain et de l'eau. Le nôtre me sembla plus recherché. Mais je regardais plutôt mes hôtes que le repas.

Entre les deux autres Pères, dom Guéranger apparaissait comme le pilier d'une abside entre ses deux colonnes. Il portait soixante années d'épreuves, de luttes et de pénitence. Pauvre, à vingt-deux ans, il avait fondé l'abbaye. Son front était haut, plein et pensif. Ses yeux, d'un bleu très pâle, étaient deux lueurs vivantes.

Tout dégageait, en sa personne, l'invincible Foi; sa croix abbatiale brillait sur sa poitrine comme de la lumière. Il n'était point de haute taille, mais quelque chose de mystérieux le grandissait, je m'en souviens, quand il parlait de Notre-Seigneur. Plus tard, lorsqu'il m'honora d'une amitié que la mort n'a pas effacée entre nos âmes, j'ai souvent constaté, dans ses entretiens, un accent de voyance révélant un élu.

Les deux religieux, à sa droite et à sa gauche, possédaient aussi des fronts extraordinaires et des prunelles pénétrées d'un rayonnement intérieur tel, que, depuis, je n'en ai jamais rencontré l'équivalent. Leur regard attestait la permanence du cœur et de l'esprit en l'unique pensée de Dieu.

Au dessert, la lecture finie, je me tournai vers mon voisin de table que je n'avais pas encore remarqué. Un passant comme moi, sans doute? — Il me parut, dès le premier coup d'œil, doué d'un sourire sympathique en un visage cependant presque vulgaire. Ses mains d'homme de lettres, aux manières affables, attirèrent mon attention; elles indiquaient une intelligence.

Donc, à titre de plus nouvel arrivé au couvent, je lui demandai s'il connaissait le nom du religieux qui, revêtu, sur son froc, d'un long tablier de serge, s'empressait et nous servait en silence.

— Oui, me répondit-il très simplement. C'est

l'un des plus érudits hellénistes de l'Europe, l'un des plus savants Pères de l'Abbaye. Récemment, il a refusé, par humilité, le chapeau de cardinal, offert par le Souverain Pontife. Il a préféré ce tablier, comme vous le voyez : — il a choisi de servir les pécheurs que Dieu conduit à Solesmes. C'est dom **Pitra**.

— Je porte envie à ce serviteur, lui dis-je.

— Moi aussi, répondit-il.

Après un moment, je repris :

— Et ce religieux, en face de nous, dont la figure d'ascète me rappelle celle du saint François d'Assises, au musée de Madrid, — et qui a cependant l'air plus joyeux que les autres Pères?

— Celui-là, nous l'appelons familièrement *le Capitaine,* me répondit-il en souriant. C'est dom Gardereau, — vieux militaire, et grand mathématicien. — Quant à la joie recueillie qui transparaît sur ses traits, c'est qu'il a été condamné, ces jours-ci, par le médecin du monastère : il sait, en un mot, qu'il doit mourir sous très peu de temps.

Le déjeuner était fini.

Après une station à la chapelle cinq fois séculaire de Solesmes et dont l'abbé dom Guéranger avait relevé les ruines, je descendis au jardin. J'y aperçus mon voisin de table au milieu d'un groupe de bénédictins que présidait l'Abbé lui-même.

L'on était assis sur des chaises, en cercle, dans une grande allée.

Mon interlocuteur du déjeuner avait revêtu, sur sa redingote, un tablier de serge pareil à celui de dom Pitra. Il écossait tout bonnement des pois, avec son entourage — qui se livrait à ce même labeur.

Je m'adressai à l'un des Pères qui, une bêche à la main, retournait la terre :

— On fait l'honneur à ce pèlerin, là-bas, de le traiter en frère convers? lui dis-je.

— C'est que ce monsieur, c'est Louis Veuillot, me répondit-il.

Quelques moments après, l'Abbé de Solesmes nous présentait l'un à l'autre.

— Je ne m'étonne plus du ton de vos paroles,

monsieur, lui dis-je ; je les ai trouvées simples et fortes comme vos écrits.

Ce disant, je pris place dans le cercle où l'on écossait des pois. J'en avisai moi-même quelques-uns, dans mon zèle, — voulant me rendre utile — et surtout ne point demeurer oisif devant l'exemple.

— Lorsque vous êtes survenu, monsieur, me répondit Louis Veuillot, le révérend père Abbé me reprochait justement la rudesse de mes écrits.

Ah! c'est que je m'adresse à de prétendus athées qui, en flétrissant leurs âmes, sont jaloux de détruire la foi des esprits mal assurés qui les entendent. Un exemple : nous savons qu'il est plus facile, aux professeurs d'incrédulité, de périr sur une barricade que de faire maigre le vendredi. (Les autres jours, passe encore! mais l'Église, sachant ce qu'elle proscrit et rien n'étant plus difficile que de lui obéir, il se trouve qu'il est très dur aux « gens sérieux » de faire maigre *juste* ce jour-là.)

Bien. Si ces ventres se taisaient, en faisant

gras... peut-être n'aurais-je rien à dire. Mais c'est qu'ils parlent, ces ventres! C'est qu'ils se moquent alors, tout haut et bruyamment, du Paradis, perdu pour une pomme! Et qu'ils en font rire les incertains. — Certes, s'ils essayaient de se priver, d'abord, en esprit d'Espérance, d'un morceau de viande le jour en question, peut-être pourraient-ils s'apercevoir que la « légende » n'est pas aussi absurde qu'ils l'affirmaient la veille. Or non seulement, vous dis-je, ils n'essayent rien, sous prétexte que ce serait « trop facile », mais ils prêchent, verre en main, leurs « convictions » aux esprits tièdes qui, bientôt, les imitent; — ce qui conduit ces messieurs et leurs prosélytes à paraître, tour à tour, devant Dieu, sans un fétu dans leur bagage, sinon leur scandale. Encore une fois, je n'aurais pas à les juger, n'était leur propagande! C'est là ce qui me donne le droit et me fait un devoir, à moi, chrétien, d'en être le préservatif dans la mesure de mes forces. Ce n'est pas contre leur conduite privée, — contre leur lâcheté devant leurs instincts, — mais contre leurs contagieuses paroles, que je me bats. Et je me trouve mission d'en paralyser, comme je le puis, l'action dangereuse.

Beau crime, de dégonfler ces ballons en les piquant d'une plume! J'ai la haine sainte que redoutent ces Jocrisses; je l'utilise. Pourquoi pas?

— Vous les prenez à parti avec une violence parfois blessante, mon cher enfant! dit l'Abbé de Solesmes. Avoir beaucoup de charité, cela vaut encore mieux que de faire maigre le vendredi.

— J'enrage, s'écria Louis Veuillot, j'enrage, mon père, lorsque j'entends mes supérieurs en Dieu me recommander la suavité envers ces empoisonneurs d'âmes! — Vous ne les connaissez pas! Toute arme est bonne contre ces souriants gredins. Je suis grossier, dit-on. Si je ne l'étais pas, me comprendraient-ils?... Est-ce que Lacordaire, du haut de la chaire de Notre-Dame, ne s'est pas écrié, en face du Saint-Sacrement, et parlant à l'élite des intelligences catholiques de France; « Quoi! voici qu'ils enseignent à vos enfants, ces libres-penseurs nouveaux, que l'Homme « n'est qu'un tube percé aux deux bouts », et je n'aurais pas le droit, moi, confesseur de Jésus-Christ, *d'écraser sous mes pieds cette canaille de doctrine?* »

Il me semble qu'il ne faisait point là de fleurs de rhétorique non plus, le bon père Lacordaire. Et Donoso Cortès, marquis de Valdegamas, ne fut-il pas encore plus rude, un certain jour? Il fut glaçant. Eh bien, c'est le ton qu'il faut prendre avec eux, à tels exemples. Ils savent bien qui ils sont, d'où ils viennent, ce qu'ils font et où ils se plongent. Et j'ajoute qu'ils *rôtiront* bientôt, selon la promesse même du Seigneur. Comment serais-je onctueux envers ces hommes? Voulez-vous que je dise à Renan, par exemple, à ce vil rat d'église qui vient, la nuit, manger le pain bénit : « — Mon cher Judas, vous avez peut-être avancé, dans vos livres, des choses un peu trop « proditoires? »... » Allons donc! N'est-ce pas à coups de fouet que Jésus-Christ chassa du Temple ces vendeurs! — Comment les appelait-il?... « Race de vipères! »

Le paysan ne se gante pas pour se saisir d'une trique devant les voleurs. Mon père, je ne suis qu'un paysan, comme le Grand-Ferré, qui tua beaucoup d'Anglais pour la patrie. Laissez-moi, de grâce, continuer ma besogne.

— Saint Benoît nous prescrit la douceur, dit l'Abbé. Vous feriez un bénédictin rebelle.

— Mais un bon dominicain, je crois!.. hasardai-je en souriant.

Une cloche, sonnant la prière, interrompit cette causerie, — dont je me suis souvenu, par un radieux midi de printemps, voici, déjà, trois années! — en face du cercueil de ce grand soldat de la foi chrétienne.

LES DÉLICES
D'UNE BONNE ŒUVRE

A MONSIEUR HENRY ROUJON

LES DÉLICES
D'UNE BONNE ŒUVRE

> Eleemosyna!
> N. T.

Certes, s'il est malaisé d'accomplir le moindre bien, il est encore (l'ayant essayé) plus difficile de se soustraire soi-même au triste ridicule de s'en magnifier quelque peu, bon gré malgré soi, tout au fond de son esprit.

Un heureux destin nous jette, en passant, la *chance* de donner une petite aumône, oh! si misérable, comparée à ce que nous gaspillons sans motif! — de remplir une millième partie de notre plus strict devoir, alors que cela ne nous coûte aucune privation positive ou appréciable; — cet honneur, immérité, de faire la plus petite aumône, enfin, nous est octroyé, — nous y condescendons presque toujours avec un effort, (si léger qu'il soit)! Et, même alors que notre vanité s'humilie de l'exiguïté de notre don, nous trouvons moyen de nous travestir, en l'offrant, jusqu'à prendre on ne sait quel air compoinct, on ne sait quelle mine apitoyée vraiment à mourir de rire, — et de nous en faire, obscurément, accroire sur notre « mérite »! Et, ceci, alors que — si nous eussions même accompli *tout* notre devoir — ce serait à nous, au contraire, de remercier le pauvre de nous avoir fourni l'occasion de nous acquitter envers lui!

Bref, nous ne pouvons durant au moins quelques secondes d'attendrissement vague sur nous-mêmes OUBLIER notre don, — et menteur qui le nie! Nous sommes, presque tous, foncièrement, assez frivoles et assez vains pour que la première arrière-pensée qui s'éveille alors en nous, à notre insu, soit de nous dire : « Voici que j'ai donné une monnaie, dix sous, cinq francs, — à ce famélique, à ce mal vêtu (sous-entendu : *qui est, par conséquent, mon inférieur!!*), hé bien! tout le monde n'est pas aussi

GÉNÉREUX que moi. » — Quelle burlesque hypocrisie! quelle honte! — La seule aumône méritant ce grand nom est celle que l'on effectue joyeusement, très vite, sans y songer ; — ou, si l'on ne peut s'exempter d'y songer, en demandant humblement pardon à Dieu, le rouge au front, de n'avoir offert qu'un aussi faible acompte.

Car si l'aumône est commise avec ce mondain sentiment qui en extrait, pour nous, une sorte de piédestal où, Stylites anodins, nous nous juchons, en secret, non sans complaisance, — et que, grâce à telle circonstance ambiante, cette aumône tourne brusquement, en — par exemple — quelque farce macabre, il apparaîtra que cette aumône est, en réalité, si peu de chose qu'elle et la farce qui l'aura continuée sembleront, dans l'impression qui ressortira de leur ensemble, *le tout naturel revers l'une de l'autre.*

A Ville-d'Avray, par un clair soleil d'hiver, sur les quatre heures et demie d'une récente relevée, un brun mendiant, assez bien pris, même, en ses haillons, se tenait debout, — au coin de la grille ouvragée, grande ouverte, — à l'entrée d'une maison de plaisance aux persiennes fermées, dont il semblait l'inconscient factionnaire. La voûte prolongée du porche, derrière lui, aboutissait à des jardins : c'était en l'une des rues — à peu près désertes, à cette heure-là surtout ; — les villas étant closes depuis septembre.

La tête, fatiguée de jeûnes, pâlie et profondément triste de ce nécessiteux prenait donc on ne sait quelles inflexions d'inespérance ; parfois, avec un soupir dont le souffle lui gonflait les narines comme des voiles, il élevait de grands regards, presque mystiques, vers les nuées du soir, — vers les mouvantes cuivreries solaires que déjà bleutait vaguement le crépuscule.

Autour de lui, par les frigidités aériennes, flottaient de lointaines odeurs de fleurs sèches, émanées des environs de cette localité champêtre, — et aussi de saines senteurs de paille et d'herbées, provenues, celles-ci, d'une assez épaisse litière de frais fourrages nouveaux, entassée au long du mur, près de lui, sous l'entrée même de la riante habitation.

Soudain, là-bas, au détour d'une buissonneuse venelle, apparut, s'engageant, à petits pas pressés, sur le terreau de la rue, — enfin, se hâtant, la voilette sur le minois et tout en fourrures sur velours, avec de menus frissons et les mains au manchonnet, — une jolie passante.

Une très jeune femme... tout simplement Mlle Diane L..., — si ressemblante à notre célèbre Mme T***, que, s'il faut en croire les dires, plusieurs d'entre les enthousiastes de la diva se seraient consolés, aux pieds mignons de ce féminin sosie, des rebelles austérités de l'étoile : en un mot, sa doublure d'amour, artiste aussi. — Pourquoi cette présence, là, ce soir ? — Oh ! de retour, sans doute, de quelque visite brève à sa villégiature quittée, — au sujet, peut-être, de tel objet oublié... d'une futilité dont l'absence l'avait rendue nerveuse, là-bas, et qu'elle était venue, de Paris même, reprendre... ou telle autre chose de ce genre ; il n'importe.

En peu d'instants elle se trouva proche de l'indigent, qu'elle entrevit à peine, — assez, toutefois, pour qu'en une mélancolie elle tirât, d'un repli de soie perle du manchon, son porte-monnaie, car son petit cœur est aumônieux et compatissant. Du bout de sa main, gantée d'un très foncé violet, elle tendit une pièce de deux francs, en disant d'une voix polie, glacée et musicale :

— Voulez-vous accepter, s'il vous plaît, monsieur ?

A ces ingénues paroles, et tout ébloui de la salubre offrande, le candide pauvre balbutia :

— Madame... c'est que... ce n'est pas deux sous, c'est deux francs !

— Oui, je sais bien ! répondit en souriant, et se disposant à s'éloigner, la charmante bienfaitrice.

—- Alors, madame, oh ! soyez bénie, oh ! du fond de mon cœur ! s'écria tout à coup, et les larmes aux yeux, le mendiant. Voyez-vous, depuis avant-hier, ma femme, hélas ! ma pauvre chère femme et mes enfants n'ont rien mangé ! Ce que vous nous donnez, c'est la vie ! Oh ! que vous êtes bonne, madame !

L'accent, l'élan de gratitude qui faisait haleter cette voix étaient si sincères, si poignants, que la jeune artiste se sentit remuée aussi et qu'une larme lui vint au bout des cils ! Elle pensait : « Comme, avec peu de chose, on fait du bien ! »

— Tenez, reprit-elle tout émue, — puisque c'est comme ça, je vais vous donner encore cinq francs.

Sept francs ! A la fois ! A la campagne !... Un véritable spasme d'allégresse ferma les yeux du mendiant qui savoura, sans vaine parole, en soi-même, l'inattendu de cette aubaine. Inclinant le front, avec un délicat respect, sur le bout des doigts de Mlle L..:

— Nous ne méritons pas... Ah ! si toutes étaient comme vous ! Ah ! vénérable jeune dame !

Attendrie en présence de cette détresse heureuse que son aumône avait calmée, l'exquise enfant laissa baiser humblement le bout de son gant parfumé ; puis, se dégageant doucement la main, elle rouvrit sa petite bourse.

— Ma foi, dit-elle, je n'ai qu'une pièce de dix francs : tant mieux, prenez-la.

Cette fois, le gloussement d'un merci des plus inarticulés s'éteignit, à force d'émoi, dans la gorge du vagabond : il regardait la pièce d'or d'un air hébété ! Douze francs, d'un seul bloc, d'une seule rencontre ! Il était devenu grave. A l'idée évidente de sa femme et de ses enfants sauvés, sans doute, pour une quinzaine des horreurs du dénuement, l'honnête pauvre frémissait d'un si intense besoin d'actions de grâces qu'il ne savait plus comment les formuler ni comment les taire. La délicieuse artiste, se sentant devenue pour lui l'image même de la Charité, jouissait, intimement, de l'embarras presque sacré du malheureux et, les yeux au ciel, elle goûtait les secrètes ivresses de l'apothéose. Pour exalter encore, s'il se pouvait, le paroxysme du sensible indigent, elle murmura :

— Et j'enverrai quelque chose, de temps en temps, chez vous, mon ami !

Pour le coup, cette phrase, qui assurait une sorte de petit avenir à sa famille, le fit presque chanceler. Il ne trouvait rien à dire !! Son bonheur, d'une part, — et, d'autre part, son impuissance à prouver, à témoigner, par quelque acte héroïque, fût-ce au prix de ses jours, la sincérité de son effrénée reconnaissance, l'oppressaient jusqu'à la suffocation. En un transport dont il ne fut pas maître, il prit naïvement entre ses bras sa bienfaitrice, que ce mouvement irréfléchi ne pouvait froisser, puisqu'elle s'y sentait pure et devenue la vision d'un ange. En l'oubli de toute convenance, il l'embrassa maintes fois, éperdument, avec des cris de « Ma femme ! mes enfants ! » qui inspirèrent à la jeune artiste la conviction qu'elle pouvait doubler la Providence comme elle doublait Mme T***. Si bien que ni l'un ni l'autre, au fort du quiproquo de cette extase réflexe, ne se rendit compte que, par des transitions d'une brièveté vertigineuse, la belle Diane se trouvait à demi posée, à son insu, sur la litière agreste et que, maintenant, elle subissait — avec une stupeur qui lui dilatait les prunelles (mais le doute ne lui était plus permis) — la possessive étreinte de son trop expansif obligé, lequel, sous une rafale de baisers (oh ! bien sincères !) étouffait, sans même y prendre garde, toute exclamation d'appel, et ne cessait de lui entrecouper à l'oreille, en des sanglots célestes, ces mots pénétrés de ravissements :

— Oh ! merci pour ma pauvre femme !! Oh ! que vous êtes bonne !.. Oh ! merci pour mes pauvres enfants !

Quelques minutes après, un bruit de pas et de voix, parvenu du dehors et s'approchant dans la rue jusque-là solitaire, ayant rendu, comme en sursaut, l'irresponsable Lovelace au sentiment de la réalité, la jeune artiste put se dégager d'un bond, s'échapper — et, déconcertée, défrisée, les joues roses, le sourcil froncé, se rajustant de son mieux, à la hâte, — reprendre le chemin de sa voisine villa, pour s'y remettre. En marchant, elle se jurait qu'à l'avenir — non seulement les dons offerts par sa main droite resteraient ignorés de sa main gauche et qu'elle ne jouerait plus les séraphins à douze francs la personne, — mais qu'elle saurait couper court aux premiers remerciements de ses chers-besogneux.

Les voiles du soir s'épaississaient. A l'angle de sa route elle se retourna, tout effarée encore de cette aventure : un réverbère, en s'allumant, éclaira, près de la grille, la face brune, aux dents blanches, du mendiant... qui souriait dans l'ombre — et la suivait d'un long regard chargé d'une reconnaissance infinie !

L'INQUIÉTEUR

A MONSIEUR RENÉ D'HUBERT

L'INQUIÉTEUR

> Et j'ai reconnu que tout n'est qu'une vanité des vanités, et que cette parole, même, est encore une vanité.
>
> L'Ecclésiaste.

Au printemps de l'année 1887, une véritable épidémie de sensibilité s'abattit sur la capitale et la désola jusqu'aux canicules. Une sorte de courant de nervosisme-élégiaque pénétrait les tempéraments les plus épais, sévissant, avec une intensité plus spéciale, chez les fiancés, les amants, les époux, même, que disjoignait un subit trépas. D'affolées scènes d'un « désespoir » absolument indigne de gens modernes, se produisaient, chaque jour, au cours de maintes et maintes funérailles — et, dans les cimetières, en arrivaient, parfois, à déconcerter les fossoyeurs au point d'entraver leurs agissements.

Des corps-à-corps avaient eu lieu entre ceux-ci et bon nombre de nos inconsolables. Les journaux ne parlaient que d'amants, que d'époux, même, annihilés par l'émotion jusqu'à se laisser choir dans la fosse de leurs chères défuntes, refusant d'en sortir, étreignant le cercueil et réclamant une inhumation commune. Ces crises, ces tragiques *arias*, dont gémissaient, tout bas, le bon ordre et les convenances, étaient devenus d'une fréquence telle que les croque-morts ne savaient littéralement plus où donner de la tête, ce qui entraînait des retards, des encombrements, des substitutions, etc.

Cependant, comment interdire ou punir des accès qui, pour déréglés qu'ils fussent, étaient aussi involontaires que *respectables?*

Pour obvier, s'il se pouvait, à ces inconvénients étranges, l'on avait fini par s'adresser à la fameuse « Académie libre des Innovateurs à outrance ».

Son président-fondateur, le jeune et austère ingénieur-possibiliste, M. Juste Romain, — (cet esprit progressiste, rectiligne et sans préjugés, dont l'éloge n'est plus à faire) avait répondu, en toute hâte, que l'on aviserait.

Mais les imaginations de ces messieurs se montrant, ici, singulièrement tardigrades, bréhaignes et sans cesse atermoyantes, l'on avait pris, d'urgence, (la Parque n'attendant pas) des mesures quelconques, faute de meilleures.

Ainsi l'on avait mis en œuvre ces engins dont le seul aspect semble vraiment fait pour calmer et refroidir les trop lyriques expansions de regrets chez les cœurs en retard : — par exemple, ces ingénieuses machines, dites funiculaires, (en activité aujourd'hui dans nos cimetières principaux) et grâce auxquelles on nous enterre, présentement, à la mécanique — ce qui est beaucoup plus expéditif (et même plus *propre*) que d'être enterré à la main, plus moderne aussi. En trois tours de cric, une grue à cordages vous dépose, vous et votre bière, dans le trou, comme un simple colis. — Crac! un tombereau de gravats boueux s'incline : brrroum! c'est fait. Vous voilà disparu. Puis, cela roule vers l'ouverture voisine :

à un autre! et même jeu. Sans cette rapidité, il saute aux yeux que l'administration surmènerait en vain ses noirs employés : vu l'affluence, et les chiffres, toujours croissants, de la population, le sinistre personnel des Pompes-Funèbres n'y pourrait suffire et le service en souffrirait.

Toutefois, ce vague remède *physique* s'était vu d'une impuissance appréciable dans l'espèce : et divers accidents en ayant rendu l'usage inopportun (du moins en ces circonstances exceptionnelles) on avait cherché « autre chose » — et le bruit courait, à présent, qu'un inconnu de génie avait trouvé l'expédient.

Or, à quelque temps de ces entrefaites, par un frais matin soleillé d'or, entre le long vis-à-vis des talus en verdures, plantés de peupliers, passait, sur un char tiré au pas de deux sombres chevaux, un amoncellement de violettes, de bruyères blanches, de roses-thé en couronnes — et de *ne m'oubliez pas!* — C'était sur la route du champ d'asile d'une de nos banlieues.

Les franges des draperies mortuaires scintillaient, givres d'argent, à l'entour de cette ambulante moisson florale qui transfigurait en un bouquet monstre le char morose, — derrière lequel, isolé de trois pas de la longue suite des piétons et des voitures, marchait, tête nue et le mouchoir appuyé au visage, qui ? M. Juste Romain, lui-même ! Il venait d'être éprouvé à son tour : en moins de vingt-quatre heures, sa femme, sa tendre femme, avait succombé...

Aux yeux du monde, suivre, soi-même, le convoi d'une épouse plus qu'aimée est un acte d'inconvenance. Mais M. Juste Romain se souciait bien du monde, en ce moment !... Au bout de cinq mois, à peine, de délices conjugales, avoir vu s'éteindre son unique, sa meilleure moitié, sa trop passionnée conjointe, hélas ! Ah ! la vie, ne lui offrant, désormais plus, aucune saveur, n'était-ce pas — vraiment — à s'y soustraire ?... Le chagrin l'égarait au point que ses fonctions sociales elles-mêmes ne lui semblaient plus mériter qu'un ricanement amer ! Que lui importait, à présent, ponts et chaussées ?... Nature nerveuse, il ressentait maints lancinants transports, causés par mille souvenirs de joies à jamais perdues. Et ses regrets s'avivaient, s'augmentaient, s'enflaient encore de la solennité ambiante, — de la préséance, même, qu'il avait l'*honneur* d'occuper, à l'écart de ses semblables, immédiatement derrière ce corbillard somptueux, d'une classe de choix, et d'où quelque chose de la majesté de la Mort semblait rejaillir sur lui et sa douleur, les « poétisant ». — Mais l'intime simplicité de sa tristesse, n'étant que falsifiée par ce sentiment théâtral, s'en envenimait, à chaque pas, jusqu'à devenir intolérable. Une contrariante sensation de ridicule finissait par se dégager, autour de lui, du guindé de sa désolation vaniteuse.

Il tenait bon, cependant : et, bien que l'émotion lui fît vaciller les jambes, il avait, à différentes reprises, pendant le trajet, refusé d'un : « Non ! laissez-moi ! » presque impatient, le secours affectueux, venu s'offrir. — Or, à présent, l'on approchait... et, en l'observant, les invités de l'avant-garde commençaient à redouter que certains détails suprêmes, tout à l'heure, — par exemple, le bruissement particulier de la première pelletée de terre et de pierres tombant sur le bois du cercueil, — ne l'impressionnassent d'une manière dangereuse. Déjà l'on apercevait, là-bas, de longues formes de caveaux, des silhouettes... On était dans l'inquiétude.

Tout à coup sortit de son rang processionnel un adolescent d'une vingtaine d'années. Vêtu d'un deuil élégant, il s'avança, tenant un bouquet de roses-feu, cerclé d'immortelles. Ses cheveux dorés, sa figure gracieuse, ses yeux en larmes prévenaient en sa faveur. Dépassant le président honoraire des Innovateurs-à-outrance, il s'avança, n'étant sans doute plus maître de sa douleur, jusqu'auprès du char fleuri. Son bouquet une fois inséré parmi les autres, — mais juste au chevet présumable de la trépassée, — il saisit le brancard d'une main, s'y appuyant, tandis qu'un sanglot lui secouait la poitrine,

La stupeur de voir l'intensité de sa propre

peine partagée par un inconnu, dont la belle mine, d'ailleurs, (il ne sut pourquoi!) le froissa tout d'abord au lieu d'éveiller sa sympathie, fit que l'ingénieur, se raffermissant soudain sur ses pieds et haussant les sourcils, essuya ses paupières — devenues brusquement moins humides.

— Sans doute, quelque parent, dont Victurnienne aura oublié de me parler! pensa-t-il.

Au bout de quelques pas, et comme les gémissements du jeune « parent » ne discontinuaient point, à l'encontre de ceux du mari qui s'étaient calmés comme par enchantement :

— N'importe! Il est singulier que je ne l'aie jamais vu chez nous!... murmura celui-ci, les dents un peu serrées.

Et, s'approchant du bel inconnu :

— Monsieur n'est-il pas un cousin de... de la défunte? demanda-t-il tout bas.

— Hélas! monsieur, — *plus qu'un frère!* balbutia l'adolescent, dont les grands yeux bleus étaient fixes.

Nous nous aimions tant! Quel charme! Quel abandon! Quelle grâce! Et quel cœur fidèle!... Ah! sans ce triste mariage de raison, qui nous a... — Mais que dis-je! Mes idées sont tellement troublées...

— Le mari, c'est moi, monsieur : qui êtes-vous? articula, sans cesser d'assourdir sa voix, mais devenu graduellemen blême, M. Romain.

Ces simples mots parurent produire un effet voltaïque sur le blond survenu. Il se redressa, très vite, froid et surpris. Aucun des deux ne pleurait plus.

— Quoi? Comment, vous êtes... c'est vous qui... Ah! recevez tous mes regrets, monsieur : je vous croyais chez vous, selon l'usage... et, plus tard, ce soir, sans doute, je vous expliquerai... je — mille pardons! mais...

Un cabriolet passait : le jeune imprudent y bondit, en jetant à l'oreille du cocher: « Continuez! Au galop! Tout droit! Dix francs de pourboire! »

Abasourdi, ne pouvant quitter son poste lugubre, ni poursuivre le déjà lointain Don Juan sentimental, le grand Innovateur Juste Romain, toutefois, grâce à l'acuité de coup d'œil propre aux époux ombrageux, avait remarqué et retenu le numéro de la voiture.

Une fois au champ du Repos, la foule, autour de la fosse fleurie, admira la tenue ferme et calme — que ses amis même n'avaient pas osé espérer — avec laquelle il expédia les dernières, les plus sinistres formalités. Chacun fut frappé de l'empire sur soi-même qu'il témoignait ; la considération dont il jouissait comme homme sérieux s'en accrut, même, au point que plusieurs, séance tenante, résolurent de lui confier, à l'avenir, leurs intérêts, — et que l'éternel « gaffeur » de toutes les assemblées, ému du courage de M. Romain, lui en adressa étourdiment une félicitation pour le moins intempestive.

Il va sans dire qu'aussitôt que possible, l'ingénieur prit congé à l'anglaise de son entourage, courut à l'entrée funèbre, sauta dans l'une des voitures, donna son adresse à la hâte, et, s'étant renfermé derrière les vitres relevées, croisa et décroisa vingt fois, au moins, ses jambes, durant le chemin.

De retour chez lui, la première chose que ses regards errants aperçurent, ce fut, sur la table du salon, une vaste enveloppe carrée sur laquelle il put lire en gros caractères : « COMMUNICATION URGENTE. »

L'ouvrir fut l'affaire d'une seconde. En voici le contenu :

**ADMINISTRATION
des
POMPES FUNÈBRES**
—
CABINET DU DIRECTEUR

Paris, ce 1ᵉʳ avril 1887.

Monsieur,

En vertu de l'arrêté ministériel, en date du 31 février 1887, nous nous faisons un devoir de vous aviser que, — pour l'exercice de l'année courante, — l'administration s'est adjoint un corps, dit d'inquiéteurs ou pleureurs, destinés à fonctionner au cours des inhumations dont nous est confié le cérémonial. Cette mesure, essentiellement moderne, s'imposait, à titre d'innovation tout humanitaire : elle a été prise sur les conclusions de la

Faculté de physiologie, ratifiée par les praticiens légistes de Paris, et à nous signifiée en même date.

Au constat de l'endémique Névrose, en ascendance vers l'Hystérie, qui sévit actuellement sur nos populations, — dans le but, aussi, d'éviter chez, par exemple, les jeunes veufs notoirement atteints de regrets trop aigus envers leur décédée, et qui, contre les usages, se risquent à braver, de leur présence, les sévères péripéties de la mise en fosse, — il a été statué que, sur l'appréciation d'un docteur expert, attaché, d'office, aux obsèques, s'il juge que le conjoint demeuré sur cette terre a trop présumé de ses forces, et pour lui épargner les crises de nerfs, heurts cérébraux, syncopes, convulsions et comas éventuels; bref, toutes manifestations inutilement dramatiques et pouvant entraîner maints désordres de nature même à troubler la bonne effectuation de ladite mise en fosse, — l'un de nos nouveaux employés, dits *Inquiéteurs*, lui serait dépêché à l'effet d'opérer en lui, selon son tempérament, telle diversion morale (analogue aux révulsifs et moxas dans l'ordre physique). Cette diversion, frappant, en effet, l'imagination du survivant et y suscitant des sentiments inattendus, lui permet de faire froidement et distraitement face, en homme de cœur, aux tristes nécessités de la situation.

Monsieur, le jeune blond de ce matin n'est donc qu'un de ces employés; inutile d'attester qu'il n'a jamais vu ni connu celle... que vous pouvez pleurer, dorénavant, chez vous, en toute liberté, sans inconvénients désormais pour l'ordre public.

Nos clients ne nous sont redevables d'aucune taxe

supplémentaire, les honoraires de l'Inquiéteur se trouvant compris, sur notre facture, dans les frais généraux.

Recevez, etc.
Pour le directeur:
Poisson.

Sans hésiter, au sortir de l'évanouissement que lui causa cette circulaire, l'austère possibiliste Juste Romain, — sans prendre garde aux dates spécifiées en icelle, adressa, par lettre recommandée, à la Société des Innovateurs à outrance, sa démission de président-fondateur. — Il voulait ensuite aller provoquer, en un duel à mort, M. le ministre de l'intérieur, ainsi que M. le directeur des Pompes-Funèbres, après avoir, préalablement, étranglé leur jeune suppôt…

Mais le temps et la réflexion n'arrangent-ils pas toutes choses?

CONTE DE FIN D'ÉTÉ

A MONSIEUR RENÉ BASCHET

CONTE DE FIN D'ÉTÉ

> — Comment la chaine des êtres créés
> se briserait-elle à l'Homme?
> *Les Platoniciens du* xiie *siècle.*

En province, au tomber du crépuscule sur les petites villes, — vers les six heures, par exemple, aux approches de l'automne, — il semble que les citadins cherchent de leur mieux à s'isoler de l'imminente gravité du soir : chacun rentre en son coquillage au pressentiment de tout ce danger d'étoiles qui pourrait induire à « penser ». — Aussi, le singulier silence, qui se produit alors, paraît-il émaner, en partie, de l'atonie compassée des figures sur les seuils. C'est l'heure où l'écrasis criard des charrettes va s'éteignant du côté des routes. — A présent, aux promenades, — « cours des *Belles-Manières* » —

bruit, plus distinctement, par les airs, sur l'isolement des quinconces, le frisson triste des hautes feuillées. Au long des rues s'échangent, entre ombres, des saluts rapides, comme si le retour à de banals foyers compensait les lourds moments (si vainement lucratifs !) de la journée vécue. Et, des reflets ternes de la brune sur les pierres et les vitres, de l'impression nulle et morne dont l'espace est pénétré — se dégage une si poignante sensation de vide, que l'on se croirait chez des défunts.

Or, chaque jour, à cette heure vespérale, en l'*une* de ces petites villes, et dans la plus déserte allée du mail, se rencontrent, d'habitude, deux promeneurs, — habitants assez anciens déjà de la localité. Tous deux certes, doivent avoir franchi la cinquantaine : leur mise recherchée, leur fin linge à dentelles, le suranné de leurs longs vêtements, le brillant de leurs chapeaux large-bord, leur tenue encore fringante, leurs allures, enfin, parfois étrangement conquérantes, tout, jusqu'aux boucles de leurs trop élégants souliers, décèle on ne sait quels verts-galants endurcis.

A quoi riment ces airs vainqueurs, au milieu d'un agrégat d'êtres négatifs, d'une bisexualité quelconque, en le mental desquels l'interjection, « Que faire!...» ne saurait surgir?

Le jonc à pomme d'or aux doigts, le premier advenu s'engage sous les arbres solitaires où bientôt survient son ami. Chacun, à tour de rôle, sur de mystérieuses pointes de pieds, s'approche : puis, se penchant à l'oreille de l'autre, et protégeant d'une main le chuchotement de ses paroles, murmure de fort surprenantes phrases analogues, par exemple, à celle-ci (aux noms près) :

— Ah! mon cher! la Pompadour a été charmante, hier au soir !

— Dois-je vous féliciter? réplique, non sans un sourire assez infatué, l'interlocuteur.

— Peuh !... S'il faut tout dire, je lui préfère encore cette délicieuse du Deffant.—Quant à Ninon...

(Le reste s'achève à voix basse et le bras passé sous celui du confident.)

— Soit! reprend alors celui-ci, les yeux au

ciel; mais Sévigné, mon cher!... ah! cette Sévigné!...

(On marche emsemble, sous les vieux ombrages ; la nuit va bleuir et s'allumer.)

— Aujourd'hui même, je dois l'attendre, sur les neuf heures, ainsi que la Parabère, bien que ce diable de régent...

— Tous mes compliments, mon bien cher. Oui, ne sortons plus du grand siècle. Je ne compte, sur mes tablettes, que trois adorées du très ancien temps, moi : premièrement, Héloïse...

— Chut !

— Ensuite, Marguerite de Bourgogne.

— Brrr !

— Enfin, Marie Stuart.

— Hélas !

— Eh bien, j'ai reconnu que le charme de ces dames de jadis le cédait à celui des dames de naguère.

Ce disant, l'étonnant blasé pirouette sur un talon — qu'empourpre, ou rubéfie, parfois, au travers des branchages plaintifs, quelque dernier rayon du soir.

— Restons, désormais, dans les Watteau ! conclut-on d'un air entendu, connaissseur et péremptoire.

— Ou les Boucher, — qui lui est supérieur.

Continuant d'une plus discrète voix, l'on s'enfonce dans les allées latérales. Du côté des maisons, là-bas, les rideaux blancs des croisées, çà et là, de lueurs claires et vives s'inondent : et, dans l'obscurité des rues, de soudains réverbères palpitent. Derrière nos causeurs s'allongent leurs propres ombres, qui semblent renforcées de toutes celles dont ils devisent. Bientôt, après un cérémonieux et cordial serrement de main, le duo de ces plus qu'étranges céladons se sépare, chacun d'eux se dirigeant vers son logis.

— Qui sont-ce ?

Oh ! simplement deux ex-viveurs des plus aimables, d'assez bonne compagnie même, l'un veuf, l'autre célibataire. La destinée les a conduits et internés, presque en même temps, en cette petite ville.

Leurs moyens d'exister ? A peine quelques

inaliénables rentes, échappées au naufrage : rien de superflu. Ici, tout d'abord, ils ont essayé de « voir le monde » : mais, dès les premières visites, ils se sont retirés, pleins d'effroi, dans leurs modestes demeures. N'y recevant plus que leur quotidienne ménagère, ils se sont reclus en une parfaite solitude. — Tout! plutôt que de fréquenter les si Honorables vivants de l'endroit!

Pour échapper au momifiant ennui que distille l'atmosphère, ils ont essayé de lire. Puis, écœurés par les livres de hasard pris à l'affreux cabinet de lecture — au moment, enfin, d'y renoncer et de borner leurs espoirs à de peu variées causeries (coupées, même, d'éperdues parties de cartes) entre eux seuls — voici que de fantasmatiques ouvrages, traitant des phénomènes dits de spiritisme, leur sont tombés entre les mains. Par manière de tuer le temps, et, mus aussi par une certaine curiosité sceptique, — ils se sont risqués en de falotes et gouailleuses expériences. On s'évertuait, s'excluant du « monde », à se créer des relations de « l'autre monde ». Remède héroïque! soit : mais, à tout prendre, jouer aux petits papiers avec de belles défuntes (s'il se pouvait) leur semblait beaucoup moins insipide que d'écouter les propos des gens du lieu.

Donc, en leurs soyeux petits salons, l'un mauve, l'autre bleu pâle, sortes de boudoirs, meublés avec un goût tendrement suggestif, qu'éclairait à peine la lueur — tamisée par le riche abat-jour à rubans — de la lampe baissée, ils se sont livrés à de d'abord anodines et gauches évocations. — Ah ! quelle source d'agréables soirées, pourtant, s'il leur était tôt ou tard donné de discerner de ravissants mânes, — d'exquises ombres, assises sur ces coussins aux nuances éteintes, qu'ils disposèrent à cet effet !... Aussi, lorsqu'après diverses tentatives passablement dérisoires leurs guéridons respectifs se mirent — là, tout à coup, sous leurs prunelles à la longue hypnotisées — à remuer, tourner et parler, ce fut, en tout leur être, une liesse profonde. Un filon d'or apparaissait à ces délicieux porions perdus en une mine d'insignifiance.

Leur nostalgie devait se prêter bien vite, et

volontiers, à tout un ensemble de concessions que, d'ailleurs, certains effets réels sont de nature à suggérer. Y prendre goût, jusqu'à s'illusionner en des émois semi-factices, aider le sortilège de quelque bonne volonté, afin de VOIR, quand même, *à tout prix*, se tramer, sur la transparence et les pâlissements de l'ambiante pénombre, des formes de belles évanouies, acquérir, à force de patience, une sorte de paradoxale crédulité dont il leur était doux de se duper mélancoliquement les sens, — ils n'y résistèrent pas. En sorte que, bientôt, leurs soirées se passèrent en de subtiles et ténébreuses causeries, qui, parfois, devenaient vaguement visionnaires. Et, l'habitude s'invétérant, des sensations de présences merveilleuses, flottantes comme autour d'eux, leur sont devenues familières.

Maintenant, ils offrent le thé, tous les soirs, à ces visiteuses. Ils s'empressent, — et leurs robes de chambre pou-de-soie, l'une couleur carmélite, l'autre nuance gris minime, aux agréments tabac d'Espagne, puent légèrement le musc, par une prévenance d'outre-tombe dont il leur est su gré peut-être. Au milieu de colloques idéals, ils ressentent le parfum d'approches charmantes, d'une ténuité fugitive, il est vrai, mais dont se contente la souriante mélancolie de leur pimpante sénilité. En cette petite ville, dont ils ont su annuler le voisinage, leur arrière-saison s'écoule ainsi, de préférence, en mille vagues bonnes fortunes, aux faveurs rétrospectives, dont ils effeuillent les posthumes roses : et ce sont, le lendemain, de mutuelles confidences, sous l'assombrissement des hautes ramures que froissent les souffles du crépuscule, sur le « cours des *Belles-Manières* ».

Dans le trouble des débuts, ils ont un peu laissé toutes ces dames de l'Histoire défiler en leurs inquiétants petits salons ; mais ils ne flirtent plus, à présent, qu'avec les piquants fantômes du dix-huitième siècle ! Leurs guéridons, aux marqueteries qu'ils parsèment de fleurs du temps, oscillent sous leurs mains galantes, et, comme sous le poids d'ombres gracieuses, se balancent en des allures qui rappellent souvent telles enguirlandées escarpolettes de Fragonard.

(Oh! l'on se retire vers les dix heures et demie — à moins que des reines ou des impératrices, par hasard, soient venues ; l'on veille, alors, jusqu'à onze heures, par déférence.)

Certes, avec des roquentins vulgaires, un tel passe-temps pourrait entraîner des dangers graves — et de bien des genres : — heureusement, *tout au fond de leurs pensées,* nos fins et doux personnages ne sont pas dupes !... Comment seraient-ils assez sots pour oublier que la Mort est chose décisive et impénétrable ?... — Seulement, à la vue des gavottes alphabétiques esquissées par leurs guéridons, ces « médianimisés » — d'un christianisme un peu somnolent sans doute, mais inviolable en ses intimes réserves — ont fini par se persuader qu'il est, peut-être, à l'intérieur des airs, des lutins joueurs, des esprits gracieux, doués d'espièglerie, qui, s'ennuyant aussi, tout comme les passants humains, acceptent, pour tuer le temps, de se prêter, sous le voile des fluides (et surtout avec des vivants aimables) à cet innocent jeu de l'Illusion, — comme des enfants qui endossent quelque vieille robe à fleurs d'autrefois, et se poudrent avec de charmants rires !... — et... que ces esprits et ces vivants peuvent, alors, se chercher à tâtons, s'apparaître par aventure, en s'aidant d'un soupçon de mutuelle crédulité, — s'effleurer, se prendre, même, très soudainement, la main... puis s'effacer, de côté et d'autre, dans l'immense cache-cache de l'univers.

L'ETNA CHEZ SOI

AUX MAUVAIS RICHES

L'ETNA CHEZ SOI

ÉPILOGUE

I

POURPARLERS D'EXTERMINATEURS

> L'avenir est aux explosifs.
> LE PRINCE KROPOTKINE.

Le récent exemple de ce cerveau brûlé, qui, tout à coup, lors des derniers incidents financiers, se prit à brandir, au dessus d'un gros d'agents de change, une présumable bouteille d'Hunyadi Janos, en s'imaginant, déjà, qu'il allait transformer en cratère la corbeille de la Bourse — et qui s'étonna si douloureusement lorsque le bris de son engin ne produisit qu'une simple flatuosité de pétard, — oui, cet exemple a porté ses fruits.

S'il faut ajouter créance, en effet, à divers rapports dont la Préfecture s'est émue, les principaux comités ultra-radicaux auraient, enfin, reconnu que, si l'Anarchie elle-même tenait à s'éviter, l'heure venue, de ces dérisoires mécomptes, elle devait exiger, dorénavant, quelque ombre, sinon de savoir, au moins de savoir-faire chez ceux qu'elle chargeait de conditionner les grands explosifs de ses rêves.

Bref, étant bien démontré, depuis 1871, le rococo puéril de toutes barricades, ainsi que, depuis Charleroi, l'inanité des grèves, — étant constaté, de même, tout l'anodin, tout le surfait de la dynamite employée à l'air libre... et dont, en résumé, les dégâts se sont réduits, toujours, à si peu de vitres, de moellons et de passants (des adhérents, peut-être!) endommagés, — ces messieurs de l'Avenir sont demeurés, un assez long temps, soucieux.

Durant leur inquiétant silence, l'on a consulté ceux de nos ingénieurs d'État les plus versés en pyrotechnie, — ceux qui, par exemple, avec la *gomme* du syndicat Nobel, rompent les isthmes les plus rocheux, ceux qui, avec la *paléine* du colonel Lanfrey, précipitent, en quelques coups de mine, dans l'Océan, les promontoires qui gênent la navigation, ceux qui, avec la *forcite-gélatine* du capitaine suédois Lewin, font couler à pic, en trois minutes et d'un seul choc de torpille, des monitors de vingt millions, ceux qui, avec la lithoclastite au *toluène* de M. Turpin, forent des montagnes de granit presque aussi aisément que s'ils s'attaquaient à pains de margarine, — ceux qui, avec la douce *mélinite,* disséminent, comme à La Fère par exemple, tout un pan de FORTERESSE d'une seule percussion d'obus.

Or, à cette question qui leur fut posée :

— Les mécontents, résolus à ne désormais frapper qu'à la tête, menacent de faire « exploder » divers quartiers de Paris?

Nos ingénieurs, souriants, ont répondu :

— Rassurez-vous. Les très rares fulminates qui *seuls* pourraient « produire des déblais » ne se laissent pas manier par des clercs. Les extra-brisants nécessitent une installation très coûteuse et sont d'un transport presque impossible, — à moins d'être additionnés de corps qui en atténuent l'extrême violence. — Vos malveillants, donc, si leur maladresse ne les exécute eux-mêmes en un ridicule vacarme, n'arriveraient guère qu'à se faire assommer, ou mettre en pièces, pour *excès* de tapage nocturne ; à rien de plus, nous l'attestons.

Nous citons ici, textuellement, les appréciations des premiers experts du Génie civil, notamment celles de M. Paul Chalon, l'auteur du *Traité des explosifs modernes*[1], représentant de la Compagnie « La Forcite ».

Exaspérés par le dédain de ces réponses qui furent portées à leur connaissance, nos forcenés perturbateurs sentirent s'allumer en leurs cervelles mille projets indigestes et monstrueux. — Terrifier à tout prix ! faire *trémuer et trémoler le bourgeois*, devint leur idée fixe, leur hantise, — et la mélodie célèbre : « *Dynami-*

---

[1]. Paris, Bernard et Cⁱᵉ, éditeurs.

tons, dynamitons ! » publiée par toutes nos feuilles, devint leur sifflotement favori.

Et, dans les réunions secrètes, certains des leurs, les plus éclairés, se faisaient part des « idées » que leurs jeunes savants des écoles laïques et obligatoires leur suggéraient, le soir, sous la lampe de famille, en exultant sur les genoux paternels. Les soirées, en effet, dans leurs logis, s'écoulaient, paisibles et patriarcales, en des dialogues variés sur les thèmes suivants ; (et il faut voir comme ils s'expriment avec lucidité, les jeunes élèves ! Ah ! mais ! c'est que nous ne sommes plus au temps de l'Obscurantisme !) :

— Papa ! tu ne sais pas ?... En laissant couler, comme par mégarde, par quelque nuit sans lune, sur une berge, aux abords des réservoirs des Eaux de Paris, par exemple, une de ces petites tonnes de nitro-glycérine — que, sans sortir de chez l'épicier, je pourrais te confectionner, en deux heures, pour 90 francs, — cette substance, insoluble dans l'eau, se diluerait, comme une pluie, sous le refoulage, en des centaines de milliers de gouttes huileuses, à travers les tuyaux des pompes. Le matin suivant, dans une multitude de cuisines parisiennes, au premier tour de robinet... comprends-tu ? cinq ou six gouttes, lancées, avec force, par le jet, sur les éviers, détonneraient en faisant éclater la pierre : et l'eau, vaporisée à l'instant par la température de ces gouttes de foudre — (des milliers de calories !) — en renforcerait sensiblement la déflagration. Hein ! comme ce serait amusant, alors, la « frousse » du bourgeois !

— Oui, grommelait, après réflexions, l'anarchiste en embrassant le charmant petit être, — oui, cela ressemble à ces haricots explosifs auxquels vous jouerez pendant huit jours, dès qu'ils seront distribués au bas âge comme petits Noëls. Ton invention pourrait, au moins, éborgner, écloper même, je l'accorde, quelques centaines de cordons-bleus : soit ! — mais... après ?

— Papa ! mon petit papa !... je viens d'apprendre, à la récréation, que, — portée par l'air et le vent, — *une seule* inhalation de certain alcaloïde, inventé d'hier, est mortelle à la minute même. Cela s'extrait, figure-toi, des vieilles pommes de terre, coûte dix sous (c'est un précipité des plus faciles à obtenir), et cela vous décompose le sang comme une piqûre au cyanhydrique. L'on pourrait en laisser tomber, négligemment, un flacon, par inadvertance, au cours d'une fête, l'hiver prochain, dans les salons de tel ministère, hein, — pour ne rien dire de plus?

— Chère tête blonde, répondait, avec attendrissement, le prolétaire, — le résultat, vois-tu, serait aussi douteux qu'avec les arsénieux, le muriatique, les phosphures et le reste des infectants connus. La concentration se dissipe, hélas! si vite. Vingt cavaliers et leurs *dames*, pris d'étourdissements, — succombant, même, si tu y tiens! — soit! Et après? Va, ce serait d'une aussi impratique folie que le projet d'inflamber les tuyaux de gaz ou de miner les catacombes. Tu es dans l'âge des illusions...

— Papa! papa! figure-toi qu'en passant au lavage alcalin (cela coûte quarante centimes) deux mètres cubes de simple sciure de bois, celle-ci, une fois bien séchée, peut être transportée, en sac, dans une mansarde. Là, traitée en quelques minutes par un azoteux (cela s'obtient avec cent sous d'eau-forte de chez l'épicier), puis laissée en contact avec une mèche lente que l'on a soin d'allumer avant de s'en aller, tranquillement, la clef dans sa poche... brrroum! c'est la maison et ses deux voisines s'éboulant sur au moins quatre-vingts bourgeois, tu sais! et avec le fracas de trois pièces de canon!

— Peuh! répliquait l'anarchiste en hochant la tête, — et après, mon amour? On payerait cher, *très cher*, ce trop de bruit pour peu de chose. Vois-tu, ce n'est pas quatre-vingts bourgeois, c'est TOUS LES BOURGEOIS qu'il s'agirait de trouver le moyen d'exterminer.

— Mais, papa, gros comme une aubergine (600 grammes) de *gélatine* de Lewin, cela vous envoie un quartier de grès du poids de sept quintaux (3,500 livres) rouler comme une balle de ouate à plus de cent mètres. Cette aubergine-là ne coûte, à Anvers, qu'un franc cinquante! Rien, même! puisque, partout, les carriers et les porions, qui en ont les poches farcies, se comptent par vingtaines de milliers! Il en passe, *par jour*, et rien qu'en Belgique, de 30,000 à 40,000 tonnes, sur les fleuves. Quant aux amorces, nos frères des grandes capsuleries des mines, où cela circule par boîtes, nous en feraient bien cadeau. D'ailleurs, le fulminate de mercure, n'éclatant jamais dans du bois, pourrait être expédié, soit pur, soit camphré ou nitraté...

— Ta! ta! ta! répondait, avec émotion l'anarchiste : tu oublies, enfant, dans ton innocence naïve, qu'en *deux* heures, des lois d'exception seraient votées, qu'on se trouverait traqués par l'état de siège, écrasés, à mille mètres, par des feux de batteries et de bataillons, exterminés, comme des rats, par les tribunaux sommaires! Sans compter que, ces troubles refroidissant toujours le commerce, ceux qui survivent crèvent encore davantage de faim la semaine suivante. Endors-toi. Toutes ces choses et cent autres sont archi-connues, et je serais hué si je venais les offrir à nos comités supérieurs. Revenus du cercle des fantaisies, ils sont bien décidés à n'admettre, cette fois, qu'un engin... qui contiendrait, à volonté, le Tremblement de terre.

Ainsi les soirées, ces derniers temps, s'écoulaient, en entretiens paisibles, chez quelques milliers de ménages peu fortunés, en notre capitale.

Si bien qu'une cotisation de ving-cinq centimes par tête (je cite les termes d'un rapport officiel) fut votée, il y a plus de six semaines, en un comité de mécontents, pour qu'une rente de vingt-cinq à trente francs par jour, allouée à trois ou quatre élus, — triés parmi les plus diserts, — permît à ces derniers, toutes autres occupations quittées, de se consacrer, sans trêve, à « découvrir, fabriquer, apprendre à ma-« nier, enfin, les plus destructifs, les plus bri-« sants et les moins coûteux d'entre les mé-« langes explosifs le plus à la portée de tous ».

Environ cinq semaines après, — voici, à peine, huit jours, — une conception, cette fois presque sérieuse et même assez grave, chuchotée d'abord entre groupes et avec stupeur, puis faisant traînée de poudre ici et au loin, fut notifiée à qui de droit. Aujourd'hui les anarchistes *ne se cachent même plus pour en parler.* — Cette triste découverte est due à l'imbécillité de plusieurs journaux, qui ont ébruité, en termes scientifiques, il y a trois ans déjà, la presque totalité de ce secret meurtrier. A présent, l'engin, qui mérite attention, est divulgué, c'est-à-dire mis à la discrétion de la foule. — Voici, en résumé, ce que dit l'ennemi :

« Pour la modique somme de deux francs cinquante, tout individu, ayant acquis deux ingrédients débités chez l'épicier, peut, désormais, à l'aide d'un engin spécial des plus simples, et qui ne fait pas de bruit, envoyer ces deux ingrédients se mêler, à quatre-vingts mètres, sur tel point visé. — Or, châteaux, pâtés de maisons, casernes et palais, sous le choc de ce mélange subit, sont écrasés, avec leurs habitants, d'un seul coup, à peu près en un huitième de seconde. — Cet engin peut être confectionné en deux heures, partout, et il est invisible dans l'air. On ne saurait constater par aucune preuve qui peut l'avoir lancé. C'est la Torpille aérienne. »

Nous allons démontrer qu'il entre, au moins, six ou sept dixièmes d'exagération dans la prétendue puissance du fléau international.

II

CE QUE PEUVENT UN LITRE D'EAU-FORTE, UNE LIVRE DE LIMAILLE DE CUIVRE ROUGE ET UN LITRE D'ESSENCE MINÉRALE.

> En ce temps-là, les hommes, aussi, plantaient et bâtissaient, allaient et venaient, épousaient des femmes et en donnaient en mariage; ils vendaient et achetaient, — et le Déluge est venu.
> ÉVANGILES.

Voyons. Examinons.

Il ne s'agit pas, ici, de rénover la fable ressassée de l'autruche qui, fermant les yeux obstinément pour ne pas voir le danger, s'imagine, dit-on, que, grâce à cette ingénieuse mesure, le danger ne la voit pas non plus.

Voici, d'abord, en substance, le projet de complot qui a réuni le plus de suffrages :

« Trente (c'est le chiffre fixé) de ces douteux artisans sans métier précis, aptes à toutes besognes, sont secrètement nommés, après enquête et entre des milliers d'autres, par les chefs de l'Internationale, à Paris. Se connaissent-ils? Non. Savent-ils ce que l'on attend d'eux? Non, certes. A peine en auront-ils conscience dix minutes avant l'instant décisif. Par ainsi, nul risque, chez eux, après boire, de telle inquiétante allusion, — d'un mot trouble et menaçant, divulgué par une fille, — nulle traîtrise possible. Bref, ils ignorent, et on les a sous la main.

« Ils se trouvent même toujours à leur poste, *sans le savoir*; car les voici bientôt logés, aux frais de la caisse commune, en trente de ces hautes mansardes, distantes chacune, — comme par hasard, — d'environ soixante-dix à quatre-vingts mètres des principaux édifices, foyers administratifs de l'autorité légale: par exemple, la Préfecture de police, l'Élysée, les ministères de l'Intérieur, des Postes et Télégraphes, et de la Guerre; l'Usine centrale du gaz, les poudrières, la Banque de France, les palais du Sénat et du Corps-Législatif, la Poste, la Bourse, l'Hôtel de Ville, etc. »

(L'on verra, bientôt, de quel acte de subtile

mais heureusement inéxécutable scélératesse l'École militaire et les cinq grandes casernes de l'armée de Paris seraient menacées.)

« Durant les jours d'attente, ils est indirectement procuré à chacun de ces trente préférés un petit travail qui les occupe et leur crée, autour d'eux, un vague renom d'assez braves gens. Un lit, une commode, un placard, une table, deux chaises, un seau d'étain et quelques ustensiles, voilà leur installation.

« Le matin du *dies illa*, chacun d'eux, étant seul, reçoit en main l'avis suivant, lesté d'une pièce d'or, de la part des Grands-Amis:

« Frère, au reçu de cette lettre (sur laquelle sois muet pour *tous*, dans les hasards de *toutes* rencontres), prends ton panier à provisions, descends et va, comme d'habitude, acheter le nécessaire de tes deux repas. En revenant, tu te muniras, chez un épicier, d'un litre d'eau-forte du commerce « pour nettoyer » et, *chez un autre*, d'un litre de pétrole léger « pour ta lampe ». Cela fait, rentre — et qu'un quart d'heure après tu aies déjeuné, sobrement. A telle heure de l'après-midi, tu reçois la visite de l'un des nôtres : il a demandé le nom de quelqu'un de tes voisins. Il connaît ta porte — et te remet une longue et très légère caisse de bois blanc, de forme ronde et enveloppée d'une serge.

« Elle contient :

« 1° 120 petites billes creuses, en verre, rangées, par trentaines, en quatre carrés bien clos, dûment ouatés et cartonnés, en leurs 120 petites cases. Ces billes sont percées, toutes, comme au poinçon, d'une minuscule ouverture qui permet de les emplir d'un liquide, à l'aide de deux minces compte-gouttes qui les avoisinent.

« 2° Un flacon de pâte forte, — sorte d'enduit de cire, de sable et de gomme, se séchant à l'instant dans l'eau, — pour les boucher, une fois remplies.

« 3° Un sachet, contenant des copeaux et de la limaille de cuivre rouge.

« 4° Un de ces petits tubes de verre, ayant forme d'un carré dont la quatrième ligne serait coupée.

« 5° Deux grandes carafes et leurs larges bouchons de liège, forés, à leur centre, d'un trou mesuré juste pour enserrer, chacun, l'un des deux bouts du précédent tube de verre.

« 6° Six cannes de verre trempé, creuses, à bouts l'un plein, l'autre ouvert, de 1^m,25 de longueur : leur diamètre, excédant de 2 millimètres celui des billes, chacune de celles-ci pourrait y être glissée à l'aise. Ces cannes sont fixées, en des anneaux de cuir, contre une paroi de la caisse. — Tous les autres objets sont aussi fixés ou emballés de manière à ce qu'un heurt ne puisse les briser facilement, ni les choquer les uns contre les autres.

« Te voici bien seul chez toi. Tu t'enfermes; tu ôtes la clef et tu voiles le trou de la serrure. A présent, tu n'ouvriras plus qu'aux sept coups d'ongle de notre envoyé, — qui t'arrivera vers neuf heures et demie. Et passe tes chaussons de laine pour marcher sans bruit. »

Ici, nous prenons sur nous d'interrompre.

Rien qu'à cet énoncé, l'on peut deviner qu'il doit être ici question d'une simple panclastite[1] à l'hypoazotide. Si, en effet, nous traduisons en langue exacte ce menaçant verbiage, il ne signifiera pas autre chose que ceci :

L'eau-forte « de chez l'épicier » n'est qu'une ironie : l'eau-forte s'appelant, en réalité, de l'acide nitrique — ou azotique.

En se combinant, le cuivre et l'acide produisent des vapeurs qui, recueillies et à peu près solubles dans l'eau, transmuent cette eau en peroxyde d'azote, autrement dit en acide hypoazotique.

Or, la propriété de l'acide hypoazotique mis en relation, par un choc subit et inflammant, avec le pétrole léger ou telle autre essence de pétrole, est de se comporter comme les poudres brisantes les plus violentes, de se décomposer, en un mot, avec une détonation très forte ; — et de projeter puissamment les obstacles qui s'opposent à l'expansion totale des énormes volumes de gaz qu'engendre son explosion.

---

1. Terme de pyrotechnie tout récemment forgé ; de *pan* et de *kladzô* : « je brise tout ».

L'on peut même ajouter que cette panclastite, — qui est, ce nous semble, quelque chose comme celle inventée par M. Turpin, — serait supérieure en puissance, et de beaucoup même, à la nitroglycérine pure.

En effet, voici la formule de décomposition de la nitroglycérine pure — au moment, enfin, de son explosion[1] :

$$C^6 H^2 (Az\, O^5 H O)^3 = 6\, C\, O^2 + 2\, H O + 3\, H O + 3\, Az + O$$
En poids, $227 = 132 + 18 + 27 + 42 + 8 = 227$
En volumes, $12v + 4v + 6v + 6v + 1v = 29\, \text{vol.}$
En chaleur, $6 \times 6 + 8000 + 2 \times 1 \times 34.500 + 0 + 0 + M$

M désignant la chaleur latente de décomposition de la nitroglycérine, chaleur que nous estimerons égale à 60,000 calories par équivalent, — bien que ce chiffre nous paraisse trop fort, — v désignant l'unité de volume et représentant 5 litres 58 (volume ramené, bien entendu, à 0° et à la pression atmosphérique si le gramme est

---

[1]. M. Berthelot simplifie par : $+ 5\, H O$; — mais la succession $2\, H O + 3\, H O$ devait être évidemment observée, ici, pour le bon ensemble du présent calcul.

adopté pour unité de poids)[1], — 100 parties de nitroglycérine pure donneront, par conséquent :

> Volumes : 12.77 à 0° et 760^{mm} de pression ;
> Calories : 184,000, environ.

Or, théoriquement, une panclastite, produite par le peroxyde d'azote et un benzol (ou, à peu près, toute essence minérale), *mais calculée de façon à brûler le carbone en oxyde*, donnerait :

$$2C^4H^8 + 11\,AzO^4 = 28\,CO + 16\,HO + 11\,Az$$
En poids : 184 + 506 = 392 + 144 + 154 = 690
En volumes   56 + 32 + 22 = 110
En calories $28 \times 6 \times 5{,}600 + 16 \times 1 \times 34{,}500 + 00 = 1{,}492{,}800$

100 parties de cette panclastite donneraient donc :

Volumes : 15,94, soit 26 0/0 *en plus que la nitroglycérine*
Calories : 216,000, soit 17 0/0 *en plus que la nitroglycérine*

C'est donc bien *cela* que signifient les ironies de « chez l'épicier » : — pas autre chose. Eh bien, ne discutons pas. En admettant qu'avec les éléments dont il est question dans la menace,

---

1. La puissance d'un explosif est, on veut bien se le rappeler, *fonction de même sens* que le volume de gaz et la quantité de chaleur qu'il dégage *sous l'unité de poids*.

on puisse obtenir des expressions à peu près analogues, d'après de certains dosages, voyons comment toute cette verroterie pourra projeter, *sans péril pour celui qui l'expédie*, un explosif de cette nature[1].

1. Voir le remarquable article de M. Roca, dans le *Génie civil*, sur les lithoclastites. — Voir aussi le rapport officiel des quatre ingénieurs de la ville de Paris, nommés par la Préfecture de police, rapport imprimé, d'après lequel le Comité d'hygiène et de salubrité a cru devoir interdire, en France, l'usage des panclastites à l'hypoazotide, *comme d'un transport ne présentant aucune garantie pour la sécurité publique*.

III

LE CHARGEMENT DES BOULES DE VERRE

> « Car il n'y a rien de caché qui ne se découvre, ni rien de secret qui ne se révèle : aussi ce que vous avez dit dans les ténèbres sera répété au grand jour. »
>
> ÉVANGILE SELON SAINT LUC, XII, 2 ET 8.

Voici (condensé dans le moins obscur français qu'il nous est possible d'écrire) le texte des instructions précisées par les ingénieurs anarchistes, dans les *Cours d'explosifs* qui se tiennent, en ce moment, à Paris et ailleurs.

Nous supposons, logiquement, que ces instructions continuent cette même circulaire que nous avons interrompue.

« Remplis d'eau l'une des carafes; — jette dans l'autre toute la cuivrerie du sachet et verse dessus le litre d'eau-forte.

« Les ayant posées, l'une contre l'autre, sur

la table, et bouchées, enfonce doucement, par les angles — et bien d'ensemble — dans le trou central de chaque bouchon, les deux bouts du tube de verre, jusqu'à ce qu'ils plongent chacun d'eux en son liquide.

« Bientôt des vapeurs brun rouge circulent à l'intérieur de la triple ligne transparente du tube; elles viennent pénétrer et foncer l'eau de la première carafe : en moins d'une heure cette eau, saturée de ces vapeurs, est devenue couleur d'ocre.

« Alors tu enlèves bouchons et tube, et les déposes, ainsi que la carafe d'eau-forte, au fond de ton seau d'étain.

« Là, tu les immerges d'eau fraîche; puis, ayant bien ajusté le couvercle sur le seau, tu le relègues dans un coin.

« L'autre carafe, pleine de l'eau brunie, est demeurée sur la table.

« Il s'agit, maintenant, de remplir de ce liquide soixante (c'est-à-dire *la moitié*) de tes boules de verre.

« Écoute le seul parfait moyen d'y arriver

vite, pour le mieux et *sans l'ombre d'un danger* : mais dis-toi bien qu'il te suffirait d'en omettre ou transposer un détail pour encourir une catastrophe dont tu ne saurais te faire MÊME UNE IDÉE, — et dont la terrible durée n'excéderait cependant pas celle d'un clin d'œil.

« Tout d'abord : qu'au moment où, pour procéder à l'opération susdite, tu t'assois devant la table, les objets suivants — que tu as chez toi — s'y trouvent disposés dans l'ordre que voici :

« 1° Devant toi, une assiette creuse et un verre; — auprès du verre la carafe d'eau brunie.

« 2° A ta droite, à côté de l'assiette, l'un des compte-gouttes, puis l'une des boîtes de pâte-forte.

« 3° A ta gauche, les deux premiers carrés de carton contenant chacun trente boules.

« 4° Sur une chaise, à côté de la tienne, aussi à gauche, tu as placé tout bonnement ta cuvette à moitié pleine d'eau.

« Tu t'assois donc. Tu commences par verser de l'eau brunie dans le verre jusqu'aux trois quarts. Cela fait, tu saisis une première boule entre deux doigts de ta main gauche et la tiens au-dessus de l'assiette.

« Tu prends, de la main droite, le compte-gouttes et en trempes la pointe dans le verre. Elle y aspire (d'une pression de ton pouce sur la capuce de caoutchouc du compte-gouttes) *juste* la quantité de liquide nécessaire pour remplir la bille. Tu introduis donc la fine extrémité de cet instrument dans le trou capillaire de la bille, — et voici que, d'une seconde pression, graduée à cause de l'air qui se trouve dans cette bille, celle-ci s'est remplie.

« Tu reposes le compte-gouttes *à sa place*, et prends le couteau : du bout de la lame tu enlèves une très petite parcelle de pâte-forte, dont tu enduis et bouches l'ouverture de la bille. Cela fait, tu plonges celle-ci dans la cuvette, auprès de toi, ce qui durcit, à l'instant même, l'enduit. Vérifie le bon bouchage avant que soit ainsi lavé l'extérieur de la bille, au cas où quelque goutte aurait débordé.

« Ainsi de suite, jusqu'à la trentième.

« Alors tu retires, l'une après l'autre, de

l'eau, les trente petites boules pleines, et tu les poses, au fur et à mesure, chacune en un casier de son carré, dont la ouate suffit à les sécher assez vite.

« Puis, tu attaques le second carré de billes vides, — les trente autres — et tu recommences. — Celui-ci, rempli à son tour, tu te lèves et vas déposer, sur une planche libre de ton placard, ces deux boîtes de boules brunes.

« Il s'agit, à présent, de faire disparaître d'autour de toi toute trace d'eau-forte.

« Tu regardes, sur ton palier, s'il ne circule personne : — tu jettes toute ta verrerie, pêle-mêle, dans le seau — et, l'ayant porté sous la fontaine, tu laisses couler le jet, bien à toute force, là-dessus durant cinq minutes. — Au bout de ce temps, le tout est redevenu clair. Tu rentres, tu essuies, tu places tout cela dans ton panier à provisions et le poses n'importe où.

« Attention !... La table une fois bien essuyée, et aussi tes mains, il te reste, pour toute besogne, à remplir les soixante dernières boules de verre, mais, cette fois, avec ton litre de pétrole léger. Pour cela, tu procèdes *exactement* comme tu viens de le faire, mais en n'employant, pour cette seconde opération, AUCUN des objets qui ont servi pour la première : c'est pourquoi tu en as le double.

« Cette fois, tu ne dois remplir les boules qu'aux deux tiers à peu près.

« Là : c'est fait. — Va placer tes deux nouveaux carrés de billes blondes dans l'endroit le plus éloigné des brunes. Étends, dans le panier, sur les deux essuie-mains, le reste des objets qui t'ont servi, moins l'une des boîtes de pâte : et repose-le dans son coin.

« Le soir est venu. Tu peux allumer ta lampe -- et dîner paisiblement.

« Après le repas, et pour charmer tes loisirs, ôte, doucement, les six cannes de verre de leurs annelets de cuir et dispose-les, avec précaution, l'une contre l'autre, sur ton lit *resté défait*. Tu peux, à présent, briser le frêle bois blanc de la longue boîte ouatée et la brûler par petites flambées.

« La voilà disparue. Bien. Neuf heures sonnent. Éteins le feu : c'est utile. Ouvre, tout grand, le vasistas de ta mansarde : il faut qu'il fasse froid chez toi. — Quelle brume, quel brouillard, au dehors! Les journaux d'hier l'avaient prédit, à l'article *Température probable.* Cependant, tu entends, au loin, sur la place de l'Hôtel de Ville, en face de ta maison, des voitures, des murmures de foule, — car c'est une nuit de bal et de fête!

« Mais neuf heures et demie sonnent : on gratte sept fois à la porte. Tu ouvres. C'est notre envoyé. »

IV

L'ENGIN

> Si vous n'aimez que ceux qui vous aiment, si vous ne faites de bien qu'à ceux qui vous en font, si vous ne prêtez qu'à ceux qui peuvent vous rendre, si vous ne saluez que vos frères, que faites-vous là de particulier ? Les méchants et les païens ne font-ils pas la même chose ?
>
> Aimez vos ennemis ! Faites du bien à qui vous fait du mal et prêtez sans en rien espérer. C'est ainsi que votre récompense sera grande et que vous deviendrez les enfants du Très-Haut, car, lui aussi est bon pour ceux qui sont injustes et méchants. Soyez miséricordieux, comme votre Père est miséricordieux.
>
> ÉVANGILE.

La circulaire doit évidemment s'arrêter ici. Mais, d'après ce qui précède, chacun, en vérité, peut, au gré de son imagination, conjecturer — et deviner, à peu près, — le reste !.. Voici, selon la nôtre, aidée de renseignements connus, la pâle esquisse des discours, faits et gestes qui, sauf de négligeables variantes, suivraient l'entrée en scène du nouveau personnage.

(Mise convenable, extérieur des moins dramatiques, air bourgeois, le visiteur tient d'une main un petit sac — et de l'autre une grosse canne, de couleur neutre.)

Le dialogue suivant s'engage à voix basse :

— Les boules sont prêtes? — Oui. — Bien. Donnez-moi ce panier.

Ayant entre-bâillé la porte, l'envoyé passe le panier à quelqu'un que l'on entend redescendre à l'instant même. — La porte une fois refermée :

— J'ai demandé le locataire d'un autre étage, chez qui votre concierge me croit monté.

Ce disant, l'émissaire a dévissé, très vite, la pomme et le bout de sa canne. Celle-ci s'ouvre en compas, emboîtant ses deux moitiés dans un écrou central que vient renforcer, en glissant, une rondelle d'acier : la canne est devenue, ainsi, une longue tige d'acier pur, très droite, d'environ six pieds. Ajustant à l'un des bouts recourbés le nœud coulant d'une forte et vibrante corde gommée, puis s'arc-boutant et faisant plier toute la tige, il ajuste l'autre nœud à l'autre bout de la canne, transfigurant ainsi le prétendu jonc en un arc d'un acier bien trempé et d'une très évidente puissance.

— Cet arc revient à quinze francs, par commande de cent cinquante, dit-il. Nous pouvons voir, dans les musées de vieilleries, bien des flèches rouillées qui, avec leurs lourdes pointes de fer, pèsent encore plus d'une livre : les archers d'autrefois les envoyaient tomber à cent quarante mètres et plus. Cet arc-ci envoie donc, facilement, tomber à quatre-vingts mètres une flèche du poids de sept cents grammes — et d'*une livre et demie*, à soixante-dix mètres.

L'envoyé s'est assis devant la table, sur laquelle il a posé son sac ouvert.

— Les boules, maintenant! dit-il : les brunes à ma droite, les blondes à ma gauche. Doucement!... et ne laissons rien choir. — Bien. A présent, passez-moi l'un de ces longs et creux bâtons de verre. — Bien.

Ici, l'envoyé regarde fixement son acolyte : puis, froidement, et à voix basse ;

— Notre flèche, à nous, et flamboyante ! la voici... Voyez : le bout plein est muni d'une encoche pour bien mordre la corde de cet arc ; — en ces trois entailles, dont une centrale et deux latérales (que j'enduis de cette pâte forte, tout à l'heure séchée), j'ajuste ces trois pennes de parchemin qui permettent à ce trait, à cet oiseau de tonnerre, de filer droit vers le but visé. — Voyez ce quadrillé, creusé dans le verre, un peu au-dessus de l'encoche ; c'est pour donner au pouce une prise plus ferme, et que, dans la traction de la corde, la flèche ne s'échappe pas avant la tension voulue.

« Je place donc cette flèche, tout au long, sur la table — et l'incline d'un degré à peine, — juste ce qu'il faut pour que cette boule brune, que j'y glisse, arrive doucement jusqu'au fond, où se trouve un léger ressort très flexible, qui amortit le heurt de cette arrivée. — A présent, une blonde ! et nous alternons ainsi jusqu'à vingt billes par flèche. Il y a place, au bout de ce javelot, pour les deux tiers de ce court piston de *bois*, que j'enfonce, avec mille précautions et pour cause. Le bout qui en pénètre jusqu'à la première boule se termine aussi par un très frêle ressort d'acier, pareil à celui du fond de la canne, et destiné à maintenir, entre celui du du fond et lui, l'adhérence entre les billes, au moment du jet même de l'arc, — pour qu'elles ne se brisent pas en s'entrechoquant. L'autre bout du piston dépasse la flèche : s'il rencontre un obstacle, le piston rentre tout entier, écrasant la première boule et, par suite, au même instant, *toutes* les autres (grâce à une loi de physique bien connue) *puisqu'elles se tiennent de surface entre elles.* Alors les liquides se mêleront, brusquement, par proportions désirables. Quant à l'effet que produit la soudaineté de ce mélange en un choc inflammant, vous l'apprécierez tout à l'heure. Cette flèche-ci étant chargée, je la dépose sur le lit, où les cinq autres, également prêtes, seront ses voisines d'ici vingt minutes.

« Là ! — c'est fini. »

L'envoyé se lève et tire sa montre : — « Dix heures et demie, » dit-il.

V

L'EXÉCUTION DE PARIS

> Nisi Deus custodierit civitatem, in vanum laborant qui custodiunt eam.
>
> PSAUMES.

Etant donné ce début de causerie et d'actes, le reste s'imagine encore plus facilement, à quelques variantes près ; ainsi le moderne archer reprend en ces termes :

« Portons, sans bruit, la table contre le mur, sous le châssis de votre fenêtre. »

L'instant d'après, l'inconnu, debout sur la table, ouvre, regarde au dehors — et renverse, doucement, le châssis derrière sa tête sur la toiture.

« Quel brouillard ! on ne distingue les vastes

croisées de notre Hôtel national, — tout flambant neuf, — que grâce à ces points de lumière électrique... et vos voisins ne me verraient pas.

« Les journaux ont bien raison de nous prévenir la veille de la température presque certaine du lendemain ! Nous savons en profiter. Entendez-vous d'ici les musiques ? Cela fait rêver, je trouve. Mais il me semble que l'orchestre manque d'un instrument ; nous allons y suppléer. — Ah ! voici trois spéciaux coups de sifflet qui m'annoncent que nos gouvernants, en grande partie, honorent, en ce moment, de leurs présences, la solennité. Fort bien. Les salons tout en lumières, les buffets, les vestibules et couloirs doivent être pleins à étouffer ! C'est ce qu'il faut. — Onze heures et quart !... En cet instant précis, — grâce à nos affiliés volontaires, dans l'armée, à Paris, — partent, sous les lits des dortoirs, dans les grandes casernes, de puissants jets irrigants, de longues lignées de certains acides qui, une fois respirés ne pardonnent point : j'estime à vingt mille, environ, le nombre de ceux que la diane trouvera immobiles, à l'aube prochaine [1]. — En ce moment encore, une douzaine de flèches, quatre fois grosses [2] comme celle-ci (car elles ne doivent porter qu'à seize mètres), sont braquées sur la

---

[1]. Il va sans dire qu'à notre estime de telles atrocités sont radicalement irréalisables. Elles peuvent être rangées au nombre de ces chimères dont nous avons parlé dans la première partie de cette étude.

[2]. Il suffit de réduire à l'expression partielle (calories et gaz) en tenant compte des questions d'espaces, les quantités panclastites déclarées missibles par des engins de cette nature, pour reconnaître que les effets brisants *ne seraient pas,* et à beaucoup près, ceux que l'on prône. La flèche de 700 grammes, tout calcul fait, n'équivaut pas, avec son piston doublé de fulminate, à plus de 18 ou 20 livres de poudre au maximum d'estimation. La flèche quadruple, seule, serait assez grave, à cause des diverses *qualités* d'explosion de la panclastite. L'effet moral, sur les foules, serait le plus terrible de l'engin : c'est pourquoi nous devons y songer de sang-froid, nous y habituer, ainsi, à l'avance. Surtout si nous réfléchissons à une chose : c'est que, — si l'actuelle flèche nous paraît d'une puissance assez contestable, — digne d'attention, pourtant, — les progrès, très rapides, de la Science, en matière d'explosifs — (progrès dont la loi d'ensemble a été si magistralement perçue, définie, établie par Berthelot), — *ne tarderont pas à rendre, en effet,* POSSIBLES *les fulgurantes catastrophes dont nous menace la présente ébauche.*

Préfecture : je crois à un véritable éboulement de tout ce pâté de masures sur ses habitants, d'ici à bien peu de minutes... — Allons ! l'on n'attend plus que nous. A votre tour de monter à cette tribune, mon cher collègue ! »

Ce disant il est descendu, et, lorsque son acolyte l'a remplacé :

« Placez-vous de biais. Glissez la tête et le bras au dehors, sur le toit. Bien. Voici l'arc : passez-le, — de biais, toujours, — au dehors : puis, le tenant, par le centre, de la main gauche, posez-le à plat sur le toit. — Là !... Voici, maintenant, la flèche.

« Du calme, ici. En la prenant de votre main droite, en la passant au dehors, en la couchant sur l'arc, il s'agit d'éviter qu'elle se heurte à quoi que ce soit, le piston de bois contenant quelque chose de sensible... Là ! Bien. — Vous retenez, sous votre index gauche, le milieu de cette flèche sur le centre de l'arc, en ajustant, de votre main droite, sur la corde, l'encoche de verre. Serrant fortement, du pouce, le quadrillé, vous vous penchez au dehors et vous tendez l'arc, de toutes vos forces, jusqu'à ce que la naissance du piston touche le centre de l'arc. — Visez l'un des points lumineux, là-bas : elle arrivera toujours dans les environs, ce qui suffit ! Là ! Vous tenez la nuit ; penchez-vous largement sur elle, au dehors : ne craignez pas de tomber, j'entoure vos jambes de mes bras et je m'y suspends !... L'heure sonne ! — Envoyez. »

Oui, tel serait le discours que tiendrait sans doute le mécréant, — et, si la prétendue toute-puissance de ce brûlot n'était pas exagérée à plaisir, si cette panclastite pouvait être conditionnée *à l'hydrogène, par exemple* — (ce qui est radicalement IMPOSSIBLE dans l'état actuel de nos connaissances, puisque l'hydrogène, à haute température, réduit l'acide carbonique), — il ne serait pas inconséquent d'affirmer que de grands désastres pourraient être produits par ce calamiteux engin. Qu'on se figure, en effet, le tableau suivant :

Sitôt la flèche envoyée, un bref coup de tonnerre sonne du côté de l'endroit visé. Ce coup, vingt-neuf autres lui font écho, dans Paris, aux lointains. Et voici que les vociférations d'une multitude hurlante, des milliers d'appels affolés d'hommes et de femmes s'étouffant en une panique vertigineuse, — rappelant (et avec quels grandissements) par exemple les effroyables sinistres des théâtres de Nice, d'Exeter et de notre Opéra-Comique, — voici que toutes ces explosions et que tous ces cris de carnage, enfin, parviennent jusqu'aux deux tueurs.

La brume s'est comme rougie, là-bas ! Et, dans la même minute, les cinq autres flèches sont envoyées. Et les réponses environnantes se renouvellent, mêlées à des bruits d'écroulements, au fracas des poudrières, aux lueurs pourpres qui brûlent au loin. La capitale, dominant de son innombrable clameur, le roulis des voitures et les sifflets des trains en partance, est devenue, en un quart d'heure, presque pareille à Sodôme sous le feu du Ciel. De subits charniers s'entassent. Puis, brusquement, plus rien : nul bruit, excepté celui des cris poussés par des milliers de victimes, celles qui survivent.

« — Nous recommencerons indéfiniment, ne voulant pas plus d'oppresseurs que de défenseurs désormais ! murmure alors l'envoyé de l'Internationale, tout en vissant la pomme et le bout de sa « canne » refermée. Il ne reste aucune trace, ici, de la besogne. — Voici un peu d'or : au revoir, et — à bientôt. Vite, couchez-vous. »

Les deux complices, en échangeant, sans doute, deux graves regards, se serrent la main.

L'inconnu descend en grande hâte l'escalier. S'il rencontre quelqu'un devant le portail ou dans les environs, il ne manque pas de s'écrier, de l'air d'un passant effaré qui regagne son logis :

— Ah çà ! qu'est-ce donc ? On entend des bruits épouvantables, ce soir !... Qu'est-ce qu'il y a ?

Puis, comme les gens qui s'enfuient de tous côtés ne trouvent même pas le courage de lui jeter la simple notification de leur ignorance terrifiée, — il s'éloigne, et disparait dans le brouillard[1].

---

[1]. En tout cas, même la *mélinite*, inventée par les capitaines Locart et Hirondart, de Bourges, et dont l'on peut estimer, sans exagérations inutiles, la puissance projective et pulvérisante de 30 à 40 fois celle de la poudre ordinaire, — même cette nouvelle composition dont serait saisie, au dire des journaux, la commission des salpêtres et qui serait trois fois plus puissante encore, — même le chlorate de potasse ou le chlorure d'azote, (que l'on ne peut manier), — même le fulminate de mercure envoyés (chose impossible!) à quantités égales, ne produiraient pas tout à fait les résultats dont on nous menace. Le mieux est donc, pour les anarchistes sérieux, d'attendre qu'une découverte extraordinaire puisse réaliser leurs souhaits, — ce qui, du reste, au train dont vont les explosifs, nous semble (redisons-le sans cesse) INÉVITABLE à brève échéance.

TABLE

	Pages
Les Plagiaires de la foudre	1
La Céleste Aventure	15
Un singulier chelem	31
Le jeu des graces	41
Le Secret de la belle Ardiane	54
L'Héroïsme du docteur Hallidonhill	67
Les Phantasmes de M. Redoux	79
Ce Mahoin!	99
La Maison du bonheur	109
Les Amants de Tolède	133
Le Sadisme anglais	143
La Legende moderne	163
Le Navigateur sauvage	179
Aux Chrétiens les lions	191
L'Agrément inattendu	201

	Pages
Une entrevue a Solesmes	214
Les Délices d'une bonne œuvre	225
L'Inquiéteur	239
Conte de fin d'été	255
L'Etna chez soi	269

www.ingramcontent.com/pod-product-compliance
Lightning Source LLC
Chambersburg PA
CBHW071245160426
43196CB00009B/1168